とうほく民話散策

はじめに

「民話には個人の生活実感やさまざまな思いが込められている。実際に語りを聞くと、語り手が話のどこにひかれているのか、生活の中でどんな苦労をし、何に喜びや楽しみを見いだしてきたかが分かる」――。佐佐木邦子さんは以前、河北新報社の取材に対し、こう話してくれた。

民話に関心をもつようになったのは蝦夷《えみし》の滅亡をテーマにした作品を書こうと、宮城県内の古代・中世の伝説を集めていた時だという。「みやぎ民話の会」の人たちと出会ったことがきっかけとなった。時代を超えて語り継がれ、時には人間の本質さえ浮かび上がらせる民話は、その後、佐佐木文学の創作基盤の一つとなっていく。

佐佐木さんが小説「卵」で中央公論新人賞を受賞し、文壇デビューしたのは１９８５年。「卵」は翌86年の芥川賞候補にもなった。今でこそ仙台市を拠点に活動する作家は多いが、当時は「宮城では文学は育たない」と言われていた。佐佐木さんはそうした状況を打ち破った先駆者であり、作家を志す人たちの目標となった。

筆者が好きな小説の一つに「オシラ祭文」（１９９７年、松本清張賞候補）がある。民話「オシラサマ」をモチーフとした作品だ。オシラサマの話に沿ったものではない。

養蚕という過酷な労働に携わるかわいそうな女性たちの話として生まれたのがこの民話ではないかという、佐佐木さんならではの解釈が、作品の核となっている。虐げられ、心の内を語ることもできない女性たちの悲しみ、鬱積《うっせき》した感情が一気に解放される結末は、ある意味、痛快でもある。

本書は2章構成となっている。第1章のエッセーは、河北仙販（仙台市中心部で河北新報を販売）が以前発行していた情報紙「ひまわりクラブ」などに掲載された作品をまとめた。第2章はｔｂｃ東北放送のラジオ番組「みちのくむかしばなし」のために２００９～13年に書かれた数多くの脚本から44編（75回分）を厳選し、収録した。いずれも東北各地の語り手を訪ね、採集した民話を再話・脚色したものだ。語りをより正確に再現し、雰囲気も伝わるよう、方言などの表記にも工夫を凝らしている。

民話は庶民のたくましさだけでなく、ずるさやいやらしさも描き出す。動物や妖怪、神々をめぐる不思議な話も多い。そんな民話の多様性、奥深さを、卓越した文章で折に触れて紹介し、また文学に昇華させてきた佐佐木さんの熱意を、読者は本書から感じとるに違いない。

元河北新報社論説委員・編集者
須永　誠

目次

第1章　民話エッセー

広瀬川のクモ

少し昔、広瀬川には淵《ふち》ごとに主《ぬし》がいたそうだ。河童《かっぱ》、ウナギ、クモ、ナマズ…。牛を川に引き込んだり、深夜にすさまじい縄張り争いをしたりと、聞くたびに怖かった。

一番怖かったのは賢淵《かしこぶち》のクモだった。八幡町（仙台市青葉区）、三居沢《さんきょざわ》の対岸の淵である。このクモ、どうもよくわからないのだ。わからない、というのが怖い。

ある男が釣りをしていると水中からクモが上がってきて、男の足に糸をくっつけた。男はその糸をはずして、そばの柳の木に掛けておいた。クモがまた来て、糸をくっつける。男はまたはずして、柳に引っ掛ける。そんなことを繰り返すうち、柳の根っこが水しぶきをあげて淵へ引きずり込まれた。淵の中から「賢い賢い」と声がした。

賢淵の名の由来にもなっている。大ウナギや大ナマズなら想像できないこともないが、人を水に引き入れるほどのクモというと、一体どんなクモなのだろう。クモは男をどうするつもりだったのか。いやその前に、クモは水中にすむものなのか。

似た話は他の土地でも聞いた。鶯沢（栗原市）の話には男が二人登場する。はじめの男は切り株に糸を掛けて難を逃れたが、二人目の男は釣りに夢中で気付かない。水に引き入れられ、竜宮まで連れて行かれてしまった。ほんの数日で戻ってきたつもりが、友人知人はすべて亡くなり、郷里はすっかり様変わりしていた。竜宮の数日は人の数百年、男は白髪のおじいさんだった。

このクモは、男を餌にするために水に引き込んだのでは決してなかった。クモには得体の知れないところがある。勇者に退治されたクモの化け物がいた一方で、巣の張り方で恋人の来訪を予言したクモもあった。妖怪かと思えば神に近く、グロテスクかと思えばはかなく美しい。

怖いものはこっそり覗《のぞ》きたくなるのが人情だ。まして夏、散歩するなら広瀬川の岸がいい。今はクモも大ウナギもいなくなってしまったけれど、ひょっとして新しい主に出会えないともかぎらない。

所ふう

民話に「愚か婿」と呼ばれる一連の笑い話がある。少々利口度の足りない男が、お嫁さんの実家でやらかす失敗談だ。舅《しゅうと》・姑《しゅうとめ》に呆《あき》れられたり、親類の笑いものになったり、お嫁さんを返してもらえなかったりと、男の愚かさを笑って終わるものが多い。だが似たようなストーリーでも、少し違うなと感じる話もある。

ある男がお嫁さんの実家に二人で泊まりに行くことになった。心配した母親は「熱いお湯を出されたら、熱いと騒がずに大根漬けでかき回して飲め」「寝相を悪くして枕をはずさないよう気を付けろ」などと言って聞かせる。

男は風呂が熱かったので大根漬けを丸ごともらってかき回し、頭に枕をふんどしで結わえつけて寝た。朝もそのまま起きてきた男に舅は呆れ、「こんな男と娘を一緒にさせておけない」とお嫁さんを返してくれない。男は泣きながら一人で戻ってきた。

頭のいい叔父さんが乗り込んでいく。男がしたように大根漬けで風呂をかき回し、ふんどしで頭に枕を結わえつけて朝の挨拶《あいさつ》をした。驚いている舅に「初めて泊まる家ではこんなふうにするのが、私どもの所ふうです」と澄まして答える。所ふう、地域の風習なら仕方がないと、舅は、一度は取り上げた娘をまた返して寄越《よこ》した。

茶碗《ちゃわん》のお湯を大根漬けでかき回す人は珍しくないが、熱い風呂を大根漬けでかき回したらおかしなものだ。そんなことを実際にする地域があるかどうかはともかく、この舅は、あるかもしれないと考えたのだ。地域独自の風習だから自分は知らない。婿は風習通り振る舞っただけだ。

　この話の一番の面白さは叔父さんの機転だが、母親の注意を素直に守った男も、所ふうと言われて納得した舅も、すんなり婚家に戻ったお嫁さんも、みんないい人だ。

　土地ごとに違った風習があることを当然とし、お互いに受け入れていた人々のおおらかさが伝わってくる。異なる立場、異なる風習を当然のこととして認め合う暮らしは、今よりもずっと豊かで大きかったかもしれない。

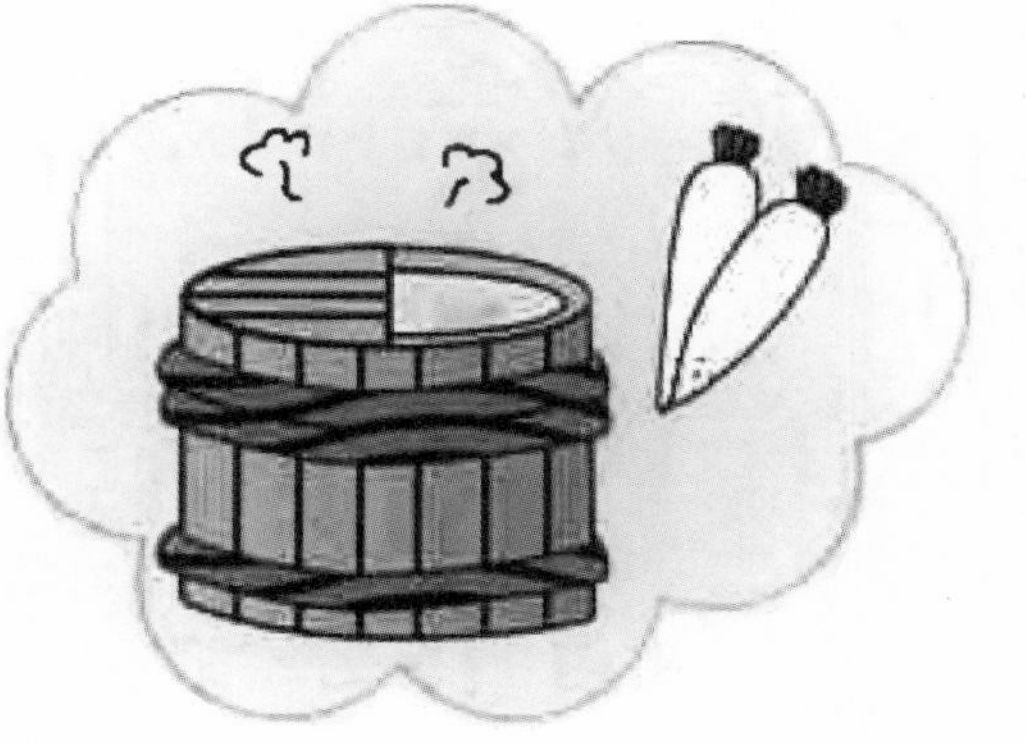

笠地蔵

日本の民話には年越しを扱ったものが多い。「笠地蔵」もそのひとつだ。

正月用意もできない貧しいおじいさんおばあさんの話だ。おじいさんは菅笠《すげがさ》を作って町へ売りにいく。だが正月をひかえて菅笠など誰も買ってくれない。おじいさんがしょんぼり帰る途中、道端のお地蔵様が雪をかぶっていた。お地蔵様は六人なのに笠は五つ。おじいさんは売れなかった笠をお地蔵様にかぶせ、足りない一つは自分のをあげて、家へ戻った。その夜、笠をもらったお地蔵様が米や餅を運んできて、おじいさんとおばあさんは良い正月を迎えた。

すさまじい、と思う。きれいなメルヘンを感じさせながら、とんでもなく残酷なことをさらりと言っている。少し昔、一年で一番御馳走《ごちそう》を食べるのは年越しの晩だった。お正月は長い冬ごもりの季節だから、その前日までに様々《さまざま》な食糧を集め「これだけ用意できました」と神様にお礼を言う。新しい着物も冬中の薪《まき》もみんな準備する。

年越しの晩は腹いっぱい御馳走を食べ、冬ごもりの間は神棚に供えたものを少しずつ降ろして春まで食いつなぐ。

年越しの晩に神様にあげるものがないというのは、冬ごもりの食糧がないということだ。唯一売れそうだった笠も売れず、すごすご戻ってくるおじいさんは、餓死を目前にしている。そんなおじいさんが道端のお地蔵様に目を止めた。お地蔵様にすがりついて手で必死に雪を払うおじいさんは、どうにかして生き延びたいという思いと、それができないなら、せめて死んだ後は安らかでありたいという祈りのかたまりだ。

このお地蔵様は、死んだ子どもではないかと言った人がいる。そうかもしれない。乳幼児が育ちにくい時代だった。このおじいさんおばあさんは二人きりで暮らしている。生まれた子が全部死んで、年とっても養ってくれるものがない。死んだ子へのいとしさと哀れさが、現在の貧しさに重なる。

年越しを扱った民話が多いのは、冬ごもり期間の食糧確保が死活問題だったからだ。ぎりぎりのところで暮らす、ぎりぎりの願いを、今は誰が受け止めてくれるのだろう。

雪わらし

私の生まれは仙台だが、子どものころ夏冬の休みは会津で過ごした。そのせいかどうか、雪がひどく懐かしい。一迫（宮城県栗原市）で聞いた昔話に、雪で女の子の形を作るおじいさんとおばあさんの話があった。子どもがいないので、雪が降ると雪で人形を作り、子どもにするように話しかけていた。

雪がのんのんと降る晩、雪人形に似た、旅の女の子が戸を叩《たた》く。二人は喜んで泊めてやり、一緒に暮らすよう、すすめる。女の子は、昼は雪の中をはしゃぎ回り、夜は旅の途中で見た珍しいことを話して聞かせた。だが火のそばには寄らないし、風呂にも入らない。春が近づくにつれ、元気がなくなっていく。

明日はお祭りという日、おじいさんとおばあさんは赤い着物と櫛《くし》を買ってきた。「今日はなんでかんで風呂に入れ」と言われて、女の子はしょんぼり、風呂へ立った。だが、いつまでたっても上がってこない。おばあさんが行ってみると、女の子の姿はなくて、風呂の底に赤い櫛だけが沈んでいた。

この女の子が誰なのか、どうして雪の夜にやってきたのか、どこへ行く途中だったのか、説明は一切ない。だが女の子が雪であることを、聞き手は瞬間的に感じ取る。

雪だから火が苦手なのは当たり前だが、おじいさん、おばあさんは思いもつかない。少しでも喜ばせようと、きれいな着物や櫛を買ってやる。それを着てお祭りに行くのだから風呂に入れと言われたとき、女の子は、そんなことをすれば自分がどうなるかよく知っていた。

それでも入った。二人の心遣いが嬉《うれ》しかったのだ。自分が溶けてしまうことより、二人の好意のほうが大事だった。たぶん春を迎える祭りだろう。みんな春を心待ちにしている。この話が美しいのは、結果をはっきり知っていて、女の子が自分から消えていくからだ。

雪が溶ければ春になる。春の嬉しさと雪の悲しさ。今でも子どもは雪が好きらしい。少々寒くても霜焼けができても、雪が降ると外へ駆け出していく。雪は寒くて冷たいけれど、同時にとんでもなく暖かで懐かしい。

欲張り

民話にはいろいろな人が登場する。親切な人、正直な人、強い人など、誰が聞いても納得できそうな立派な人だけでなく、ほら吹きや怠け者や憶病者といった、困った人たちも大活躍だ。でも徹底的に退《の》けられるタイプもある。ケチと欲張りである。

「舌切り雀《すずめ》」のおばあさんは、おじいさんが雀から軽いつづらをもらってきたのが面白くなくて、あらためて出かけて重いつづらをもらった。軽いつづらにだって大変な宝物が入っていたのだから、重かったらもっと入っていると思ったのだ。しかし宝物どころか化け物が出てきて、ほうほうの体で逃げ帰った。

だから欲張ると、ろくなことはないという話。でもこのおばあさん、本当に欲張り

と言えるのかどうか。現実の暮らしに必死だっただけのようにも思える。倹約して倹約して毎日こつこつ働かないと暮らしてゆけない。暮らしが厳しいから金銭にもシビアになる。おばあさんが頑張っているおかげで、おじいさんはのんびり雀の相手などしていられた。正直じいさんと欲張りばあさんの組み合わせはたくさんあるが、どの話でもおじいさんの側に都合よくできている気がする。

それはともかく、民話ではケチと欲張りは否定される。ほら吹きなどは村の困り者のくせにたいてい最後には金持ちになるし、怠け者や憶病者にも彼らなりの成功がある。場合によっては泥棒さえ肯定される。欲張りは嘘《うそ》つきや泥棒よりも悪いらしいのだ。

欲張り、つまりは相手のことより自分の都合を先に考えるということか。少し前まで人は共同で働かなければ暮らせなかった。個人の仕事よりみんなの都合を優先しないと村が成り立たない。困っている人がいれば助け合う半面、一人だけいい思いをすることも許されない。いい思いの中には、自分一人で努力して自分だけ潤うことも含まれる。

つつましさの横並びとでも言おうか。お互いさまの心遣いと突出することへの足引っぱり。「欲張り」という言葉で共同体から外れることを戒め合った人々の心を思うと、ちょっと切ない。

おまんにちぺろぺろ

山元町（宮城県）で「おまんにちぺろぺろ」という昔話を聞いた。県南にもこの言葉があったのかと驚いた。寡聞《かぶん》にして私は県北の例しか知らず、県北では「おまんにちべろべろ」だった。

お嫁さんにご飯を食べさせるのがもったいないと、結婚しないでいる男がいた。ある日、口のない女が来て、食べないから嫁にしてくれと頼む。男は喜んで承知するが、家の米が減っていく。隠れて覗《のぞ》いてみると、女は頭の中に口があって、頭の口に大変な量のおにぎりを放り込んでいた。あちこちにある「飯食わぬ女房」の話だが、唱え言葉は珍しい。

女が髪を解いたら頭の真ん中に大きな口があったというのは、怖い。その口の中へ、お手玉でも放るように次々とおにぎりを投げ入

れるというのは、もっと怖い。しかしこの種の話をする女性たちの表情は楽しげだ。「おなかがすくのが一番辛《つら》かった」とか「田んぼの三番めの草取りが終わるとお姑《しゅうとめ》さんの目がきつくなった」とかいう話をときどき聞いた。農作業が忙しいとき、お嫁さんはいないと困るが、暇になるとよけい者に思われる。暇なときも忙しいときも、お嫁さんは家の人に遠慮して暮らさねばならない。

私も祖母から「嫁は家の猫にも気をつかうものだ」と言われたことがある。私はそんなことはしなかったが、祖母の年代の女性の実感だったろう。食べ物が十分でなかったらなおさらそうだ。

俵の米をざくざく開け、熱いご飯で次々おにぎりを握り、はずした板戸に山盛りに並べ…。女がおにぎりを握る描写はていねいで細かい。それほど切実だ。話し手の声は怖くなり、同時に表情は楽しげになる。正体不明の女が大量のおにぎりを平らげていくのが、愉快でならないというふうにも聞こえる。このあと女は、男を山へ担いで行くのだ。

この話は女性たちの思いの形ではないのか。意味はよくわからないが、連綿と続く日常を思わす「おまんにち」という言葉と、食べ方を表すような「ぺろぺろ」や「べろべろ」。怖さと同時に、切なさと不思議な懐かしさがある。

河童

少し昔、宮城県にもあちこちに河童《かっぱ》がいた。広瀬川にも比較的最近までいたそうだ。川は長いが小学校ごとにテリトリーがあって、泳ぐときはこの学校の生徒はこのあたりで、とおおよそ決まっていた。季節の初めにキュウリを供えて、神社の守り札を胸に掛ける。そうしないと河童に川へ引き込まれた。

けっこう怖い妖怪である。子どもがはらわたを抜かれたとか、馬が水に引き入れられたとか、ときどきあった。生まれてくる子どもの寿命まで管理したらしい。ある男が旅先で「あそこの家で赤ん坊が生まれた」「七歳の七月七日に水で死ぬ」という話し声を聞いた。自分の家のことらしいので急いで帰ってみると、本当に子どもが生まれていた。

男は日夜、子どもから目を離さず、七年目のその日は柱に紐《ひも》で縛りつけておいた。ちょうど七夕、あずき飯のおにぎりを縁側に並べて、水浴びをしては食べる日だ。七回泳いで七回食べる。楽しげな友達の声に、子どもは「自分も行きたい」と泣く。七夕礼に来た伯母さんが解《ほど》いてやろうとしたが、男は許さない。この伯母さん、実は河童で、子どもを川で溺《おぼ》れさせるつもりだった。

父親の思慮が子どもを救ったわけだが、生まれる前から目を付けておく計画性にはびっくりする。その他、やたら相撲をとりたがったり、捕まって詫《わ》び証文を書いたり、骨接ぎの薬をくれたり、河童にまつわる話は多い。メドチ、ミドチ、ガァタロ、川童《かわむろ》と、地方によって呼び名もさまざまだ。

つまりは、それだけ河童は人の近くにいた。七歳のとき水で死ぬとは、その年齢までは何があっても守ってやるということか。七歳以降は本人の責任。怒らせれば怖いが、仲良くなれば人の手助けもしてくれる。七夕と関連付けられているのも興味深い。妖怪になった後も、水の神の面影がちらちらする。イボイボに水滴を光らせて、たわわに実るキュウリは、真夏の生命力そのものだ。初物のキュウリをあげ、守り札を掛けて泳ぎ回った小学生たちは、人を越えたものと付き合う方法を、きちんと知っていたのだと思う。

国づくりの大男

国道4号線を（仙台市から）北へ行くと、富谷を過ぎたころから七ツ森（宮城県大和町）が見えてくる。私の属している「みやぎ民話の会」の仲間たちが、二〇〇八年の夏、七ツ森のふもとで伝承の民話を聞く会を開いた。

昔、朝比奈三郎という大男が、土を運んで作った山だそうだ。土を掘ったくぼみが品井沼、往復した足跡が吉田川になった。七回往復して七つ山を作り、最後にタンガラ（背負いかご）に残った土を払い落としたのが、七ツ森の端にあるタンガラ森だとか。

大男が山や川を作った話はほかにもある。同じ七ツ森でも、鶯沢（栗原市）では、大男の名を朝稲三郎と聞いた。朝比奈と朝稲、音は似ているが「稲」という文字に田んぼとの関わりを感じさせられる。涌谷では、大仁王様が篦岳《ののだけ》を背負おうとして力み、足がめり込んだのが相野沼と名鰭沼《なびれ》、両手で引っかいた跡が江合川と迫川、あきらめて立ち上がったとき足の指から落ちた土が付近の低い山々だという。

七ツ森のふもとは仙台の市街地からそう離れているわけではないが、まるで違った風景である。山や川の風景が暮らしの形を決める。七つの山々から流れ出す沢には蛇や猿の昔話も伝わっていた。蛇にも猿にも水の神の面影がある。いや山そのものが神だった。

またこれらの沼は、今はみな干拓されて田になっている。つまりはそれだけ浅く、大雨で川の流れが変わることも多かった。

吉田川も一昔前は大変な暴れ川で、流域には今も湿地帯が目立つ。源流の山々に神が住まなければならないほど、上流から下流まで、川のもたらす恩恵と被害は大きかったのだろう。

子どもが土をこねて遊ぶように、大男も土遊びが好きらしい。タンガラ森からは「ヤッホー、できたぞぉ」という歓声まで聞こえてきそうだ。

おおらかさに密着した暮らしの厳しさ。国づくりの大男伝承がある土地は、水の苦労も尽きなかったに違いない。創造神とも乱暴な巨人ともつかない大男の姿に、自然にも人のような心を認め、丁寧に付き合おうとした少し昔の暮らしが見える気がする。

猫のように

友人から夏猫と冬猫の話を聞いた。冬に生まれた冬猫のほうが、夏猫より偉いのだそうだ。暖かい部屋でぬくぬく育つ現在の飼い猫はともかく、一昔前の冬猫は生まれた瞬間から寒くて、食べ物も不足がちで、おまけにイタチなどの小動物にも狙われやすい。赤ん坊のときから苦労を重ねている冬猫は、夏猫とはたくましさが違う。冬猫と夏猫が道で会うと、夏猫はこそこそ隠れてしまうのだとか。

春嫁と秋嫁というのもいるそうだ。これは秋嫁が偉い。お嫁さんたちが集まったとき、少々粗末なものを着ていても「わたしは秋嫁よ」と言えば、大きな顔をしていられる。牛のように働き、牛のように粗食で、牛のように乳を出す「角のない牛」がお嫁さんだと言われたのは、それほど昔のことではない。

農家の婚礼は農作業が忙しくなる前の春先か、農作業が片付いた後の晩秋かに決まっていた。春嫁は結婚してすぐに農繁期だから、婚礼の翌日から寝る間も惜しんで働かねばならない。秋嫁は翌春までのんびりできる。半年の無駄を承知で迎えられるほど、秋嫁は大切に思われていることになる。

「猫のように」という笑い話がある。娘の態度が粗野なことを心配した母が、嫁に行く娘に「婚家では猫のようにおとなしくしていろ」と言って聞かせる。娘は台所の竈《かまど》の上に丸くなって、話しかけられると「にゃーご」と答えた。

「姑《しゅうとめ》に口答えせず、鶯《うぐいす》のような良い声で返事するように」と言われ、「ほけきょほけきょ」と答えた嫁も。「言葉に『お』を付ければていねいになる」と教えられて、付けすぎて失敗した話もあった。

　実家と同じように振る舞っても、違った環境では粗野だと言われる。娘は緊張し、早く婚家に馴染《なじ》もうとして、母の教えを忠実に守った。それなのに笑われて馬鹿《ばか》にされる。「愚か嫁」として分類される民話は、笑った後に苦いものが残ることが多い。

　夏猫よりも冬猫は威張り、春嫁よりも秋嫁が偉いという、どこまで本当か分からない話にも、少し昔のお嫁さんの辛《つら》さがにじみ出ている。

鬼は内

佐久間クラ子さん（仙台市太白区）の節分の話はなんとも愉快だ。

「福は内、鬼は外」と毎年豆をまいていたが、福なんかちっとも来ない貧乏な夫婦がいた。「鬼は内」と呼んだら、他で追い出された鬼たちがぞろぞろ入って来た。

せっかく来てくれたのだからと残った豆を出し、奥さんは質屋へ走って酒を買ってくる。時がたつのも忘れて楽しく飲んだ。気付いたら朝で、鬼たちは慌てて宝物を忘れていった。

夫婦は大切に預かっておいた。そのせいかどうか、それからは何をしてもうまくいく。今度は質屋へなど行かなくてもいいと、次の節分には酒をたっぷり用意して「鬼は内、鬼は内」と

声かぎり呼んだ。だが鬼は庭にいるだけで入ってこない。「去年は嬉《うれ》しくて飲みすぎ、宝物を忘れて帰った。来年の節分に返してもらうと言ったら、地獄中の笑いものになった。今年は飲むなとクギをさされてきた」と言う。

来年のことを言うと鬼が笑うのは、人間界だけではないらしい。夫婦は鬼の忘れ物に、用意の酒を全部添えて持たせてやった。鬼は使っても減らない財布をくれた。その後もこの夫婦、節分のたびに「鬼は内」と豆をまくのだが、鬼が来ることはもうなかった。

福島の話だそうだ。宮城県にも「鬼は内」と唱える民話は少なくない。わざと逆を言って聞き手の笑いを狙うにしては、多すぎる気もする。鬼が福を運ぶ話が、もともとあったのではないかと思われるほどだ。豆を炒《い》ったときの焦げ具合で、一年の運を占った土地もある。豆をぶっつけて追い払うのか、それとも豆をご馳走《ちそう》する形だったのか。家の建て前などでは、今も餅や小銭をまく。結婚式にはライスシャワー。ぶっつけることが祝福である場合だってある。丸森では、鬼を神と同じに語る話を聞いた。

神か、鬼か。この鬼たち、何かの拍子に古い神が新しい神に敗れて、転落したのではないか。神様だって変わる。まして人は。こう不景気が続くと、福をもたらしてくれそうなものなら、何でも呼び込みたい気分になる。

嘘の力

四月一日はエープリルフール。子どものころは、うまい嘘《うそ》がつけないうちに寝る時間が来るのが、なんとも残念で仕方がなかった。

エープリルフールの風習が日本に入ってきたのは明治以降だが、こんな言葉が定着する前から、日本人は嘘に価値を認めていた。嘘の巧みさを競う大会は、昔あちこちにあった（今もあるかもしれない）。

山形県上山の楢下《ならげ》では、この大会で優勝すると一年間の労役が免除されたとか。昔の税は物納と労役で、参勤交代の道筋だったこの地域では、義務の道路普請（年間六十日だそうだ）はつらい負担だった。それが、優勝すれば免除。つまり、嘘の能力は、六十日間の労役に匹敵すると認められてい

たことになる。

民話にもしばしば嘘の名人が登場する。

ある男は、猫の手も借りたい繁忙期に、あっちで嘘を言い、こっちでもまた嘘を言う。あんまり嘘ばかりついているので、ムシロで巻かれて川へ投げ込まれかかった。

仙台市宮城野区福田町の別な男は、殿様に召されて嘘をついてみろと命じられた。「嘘の種本を忘れてきたので、つけない」。それでは、と家来が取りに行く。どこを探してもない。殿様は怒り、男は「これが嘘です」と澄まして答えた。そのほか嘘のために勘当された息子、奉公先を首になった若者。例をあげればきりがない。

嘘つきは困り者のはずなのだが、そのわりには最後はうまくいっている。殿様をかついだ男はご褒美をもらい、川へ投げ込まれかかった男は嘘で切り抜けて大もうけした。嘘は必ずしも悪いものではなく、笑いや力や権力批判になることもあるし、場合によっては言葉で未来を引き寄せる神秘にさえ通ずる。多くの人がそう感じていたせいだろう。

東北には嘘の名人が多い。しかし九州の知人は「いや九州に多い」と言う。長野の人は「信州にたくさんいます」と言っていた。真面目だけでは肩が凝る。嘘は、ゆとりと遊び心と頭の良さがないと出てこない。そして似たような話は世界各地にある。人は皆、ほどほどのホラ話が好きらしいとうれしくなる。

昔話は庚申の晩に

さまざまな土地を歩いていると「昔話は庚申《こうしん》の晩に」という言葉を聞くことがある。子どもに昔話をせがまれたとき、そう言って断るのだ。今は忙しいから、暦の十干十二支《じっかんじゅうにし》の庚申にあたる晩になったら、ゆっくり話そう、とでもいうような意味だ。

「庚申待ち」の行事は現在はほとんど行われないが、こんな言葉が残っているところをみると、少し昔はあちこちでなされていたのだろう。とにかくひっそり身を慎んでいる集まりだ（たとえば静かに話をするとか）。庚申の日に結婚式をして大変なことになった昔話もある。

人の体の中には三尸虫《さんしちゅう》という虫がすんでいるそうだ。庚申の夜になるとこの虫が体を抜け出し、

良いことも悪いことも、その人のしたことを全部、空の天帝に告げに行く。人はたいてい隠れた罪を犯しているし、天帝は秩序の好きな恐ろしい神だ。腹を立てれば、人の命を取ることも珍しくない。だから人は、三尸虫が体から抜けて行かないように、一晩中眠らずに見張っている。

静かな夜更けだ。自分の罪をお互いに隠しあい、ただ黙々と酒など飲んで、思い出したように低い声でぼそぼそ話をする。不気味なような厳粛なような、妙に体がひきしまる光景だ。ふだんの生活では、生きること、働くことに一生懸命で、考えたり反省したりする余裕もない。あえて特別な日をもうけて、自分のしてきたことを心の中で思い起こす。

「昔話は庚申の晩に」とは、本来はどんな意味だったのだろう。初めから子どもに向けた言葉だったとも思えない。天帝に殺されかねない罪とはどんな罪なのか。人は生きているかぎり罪を犯さねばならない、と認めて、自分の罪を誰にも語らないかわりに、人の罪も詮索せず、ただひっそりと酒など酌み交わす。ちょっと、どころか、相当に怖い。

現代人は罪など犯したことがないような顔で生きている。罪を自覚できなくなった現代人の方が、より大きな罪を犯しているかもしれないとも思う。

雷様のヘソの佃煮

子どものころ雷が鳴ると、「おなかを出しているとヘソを取られるよ」と言われて、あわてて上着を引っ張りおろした記憶がある。

愛子《あやし》(仙台市青葉区)より西が宮城町と呼ばれていた時分、宮城町新川《にっかわ》で雷の話を聞いたことがあった。子どもがおなかを出して遊んでいるので、親が「雷様にヘソを取られるぞ」と注意した。子どもが聞いたところ、「ヘソなんか取ってどうすんだべ。佃煮《つくだ》でもこさえるんだべか」と子どもが聞いたところ、「ためておいて空からまくのだ。稲光様がヒカヒカ光るのは、まかれるヘソが光っているのだ」と教えられた。

これだけなのだが、妙に忘れられない話だった。雷はヘソが好物というのは定説らしくて、焼いたり佃煮にしたり、さまざまな料理方法がある。子どものヘソはとくに柔らかくておいしいそうで、おなかを出して昼寝などしていると大変なことになる。雲から落ちて人に助けられた雷が、後日ヘソを詰めた重箱をお礼に持ってきた話もあった。

だがこの旧宮城町の雷は、食べるのではなく空からまく。雲の上にすっくと立って下界を見下ろす雷、光りながら散っていくおびただしいヘソ。雄大ともマンガチックともいえる光景だ。ヘソと聞くと思わず笑いたくなるのだが、考えてみればヘソは命の要である。雷が命を空からまいているのだ。

雷が今のようなマンガ的な姿になったのは、そう古いことではない。平安時代、九州の太宰府で不遇に死んだ菅原道真は、雷になって都の空を暴れ回った。昔の雷は、時の権力者を震え上がらすほど恐ろしくて、また偉かった。いや、昔とは限らない。この話をしてくれたおばあさんの口ぶりは、雷を怖くて偉いと思っている雰囲気が強かった。偉いからこそヘソも狙う。

二重の尊称を付けて「お雷《れい》様」と呼ぶ地域は宮城県にも多い。稲光にも「様」を付けて敬う。雷を分解すると「田」と「雨」、稲妻は「稲」の「妻」。一面滑稽、しかし実は雷ほど田畑の実りに深くかかわるものはないと、人はしっかり知っているのだと思う。

長良の人柱

大雨で河川決壊、死者行方不明者何名、被害総額何千万、などと聞くと、決まって思い出される民話がある。

あるところに口をきかないお嫁さんがいた。ものが言えないのでは婚家では困る。離縁され、お婿さんに送られて実家に戻ることになった。途中まで来たとき、キジが高い声で鳴き、続いて「ダーン」と鉄砲の音がした。お嫁さんが、ぽろっと歌をよんだ。

「口ゆえに　父は長良《ながら》（長柄）の人柱　キジも鳴かずば　撃たれまいぞや」

口がきけないはずのお嫁さんが歌をよんだので、お婿さんは驚いた。実はこのお嫁さんの父は、お嫁さんが子どものころ、長良川（岐阜～三重県）の人柱にされて死んだのだった。大雨のたびに流される橋に村人が困り果てていたところ、お嫁さんの父が「人柱を立てれば流されない橋ができる」と言った。だが人柱になりたがる者など誰もいない。ほかに良い考えもないので「言い出した人になってもらおう」ということで、父が人柱にされてしまった。

あわてて抗議する父、もくもくと捕まえて、もくもくと土に埋める村人たち。父親が生きながら土に埋められるのを目の前で見て、幼い少女は喉《のど》に血の固まりでも詰まったように口がきけなくなった。水は怖い、ものを言うことはもっと怖い。濁流をなだめるために人柱が必要だ、というのは子どもにも分かる理屈で、分かるだけに、なおさらどうしようもない。そうして長い年月が過ぎ、思いも掛けない鉄砲の音が、喉につかえていた固まりを吹き飛ばした。

この話は、お嫁さんが婚家に落ち着くことで終わっている。だが川の恐ろしさと、自然の猛威の前に無言で立ちつくすしかなかった人々の姿が、ジンと胸に残る。

「長良の人柱」という題名なのに、長良川とは無縁のあちこちの地域で語り継がれているほど、水の被害はどこででも深刻だったのだろう。水との闘いの足跡が消えないうちに、新しい足跡が刻まれる。その長い連鎖が、現代にまで続いているようだ。

弘法井戸

最近、丸森（宮城県）の民話を語る方々と親しくさせていただいている。丸森といえば阿武隈川だが、阿武隈川の堤防が今のように立派になったのは、そう古いことではない。Mさんが少し昔の川の氾濫の話をした。

大雨が降ると阿武隈川があふれ、水がどっと田んぼに流れ込む。稲の収穫期に重なることも多く、田んぼのイナゴが町へ逃げてくる。しかし町だって水だから、逃げ場がないイナゴは電信柱にすがる。電信柱という電信柱に、もとの色がわからないほどびっしり、おびただしいイナゴが張り付いていた。この話はショックだった。Mさんはまだ七十代。イナゴで埋まった電信柱は、つい先ごろまで見られたらしい。

そのMさんが子どものころ一番うれしかったのは、自分の家に井戸を掘ったことだそうだ。水くみは子どもの仕事だった。重たい桶《おけ》を抱えて急な水場を上り下りするのはつらいし、井戸のある家に「水、くませてけらいん」と頼むのはもっとつらい。苦労を重ねて掘り、やがて最初の泥水が出てきたときの歓喜は、今思い出しても涙が出るとか。この話は私にはもっとショックだった。

弘法井戸の昔話はこんなところから生まれたのか、とあらためて思った。県内のあちこちにある話である。旅の坊さんが水をくださいと頼み、頼まれた人は遠い川まで行ってくんできてあげる。「このあたりは水の便が悪く、遠くまでくみに行かねばならない」と聞いて、坊さんは杖《つえ》の先で地面を突いて、水を湧き出させる。実はこの坊さんは弘法大師だった。

水道が普及した今では想像もできないが、時代をさかのぼるほど水の問題は深刻だったろう。丸森だけではない、一方で川の氾濫に悩まされながら、もう一方で毎日の炊事水にも不自由する土地は、あちこちにあったに違いない。

毎日の暮らしがどんなに大変でも、こつこつ真面目に働いていれば、誰かがきっと見ていてくれるはずだ。祈りにも似たそんな思いが、弘法大師の昔話に重なってくる。旧暦十一月二十三日(二十四日の土地も)は大師講、弘法大師に小豆団子をそなえる日だ。

節分の豆

子どものころ、節分は楽しかった。夕食が終わるか終わらないかのうち、近所のどこかで廊下の戸を開ける音がし、続いて「福は内、鬼は外」と叫ぶ声がする。こちらも負けていられない。夕食などそっちのけで、できるだけの大声で家中に豆をまいて回る。どこの家からも同じような声が聞こえていた（うちでは落花生だったが、本式に大豆を使った家もたくさんあった）。この豆は後で拾って食べる。食べてしまわずにしまっておく地域もあったそうだ。

「三枚のお札」という昔話がある。山で道に迷った小僧さんが、親切そうなおばあさんに泊めてもらう。ところがこのおばあさん、実は恐ろしい山姥《やまんば》だった。小僧さんは逃げたが山姥は追いかけてくる。もう少しでつかまりそうになって、和尚さんからもらったお札を「後ろに山出ろー」「川出ろー」と唱えながら放り、山姥が越えている間にお寺に逃げ帰った。宮城県でもよく聞かれる話だ。

このとき小僧さんを救ったのが、お札ではなく、豆だという話がある。小僧さんが山へ行くとき、和尚さんは、しまっておいた節分の豆の残りを持たせ、小僧さんはこの豆をまいて難を逃れた。そうかと思うと、山姥がお寺まで追ってきて、和尚さんが

「化けくらべをしよう」と提案する話もある。和尚さんはとんちで山姥を豆に化けさせ、豆になった山姥を、餅にはさんで食べてしまう。

節分の豆の焦げ具合で一年を占うのは、あちこちでなされていた風習だ。豆が神の言葉を告げる。とにかく豆には、一口では言えない不思議な力があるらしいのだ。

二月を「きさらぎ」というのは、着物の上にさらに着る「衣更着」からきたとも聞く。でも本来は「木更ぎ」だった。更は新《さら》、新しい誕生に向けて草木の準備が始まる時期だ。

どんなに寒くても、次の命が確実に芽生えている。節分は四季の区切りごとにあるが、二月が重んじられるのは、命の始まりだからだろう。豆で難を避け、豆で小さな命を守る。豆まきは、この季節にこそよく似合う。

地獄と極楽

人は死んだらどこへ行くのか。生前良いことをした者は極楽へ、悪いことをした者は地獄へ、と決まっているようなものだが、民話には地獄へ行って戻ってきた話がけっこうある。鬼どもをさんざ困らせて、地獄から追い出されるのだ。むろん極楽へ行った話もあるが、地獄へ行く話の方が数も多いし、冒険に富んでいる。

それはともかく、地獄も極楽も似たようなものだったという話もある。

修行を積んだ坊さんが、死後の世界を見てみようと、地獄へ行ってみた。ちょうど昼どきで、亡者たちは大きな卓の前に座って、長いはしを持って、食事を待っているところだった。やがて大皿に盛ったごちそうが運ばれてくる。「さあ食べろ」と言われて食べ始めるのだが、なにせ持たされているのは長い長いはしだ。目の前のものをつまむのは一苦労だし、ようやくつまんでも自分の口へ入れることができない。はしの下の方を握ったり、手で食べようとしたりすると、鬼どもにむち打たれる。隣の亡者とぶつかって、あちこちでけんかが始まる。目の前にごちそうを見ながら飢え、お互いをののしりあう。食事のたびに同じことが繰り返されて、亡者たちはガリガリにやせている。

今度は坊さんが極楽をのぞいてみた。やはり昼どきで、長いはしを持った人たちが卓をはさんで待っている。ここまでは同じなのだが、ごちそうが運ばれてくると、その長いはしで向こう側の食べ物をつまみ、向こう側の人の口に入れてあげる。向こう側の人は向こう側の人で、こちら側のごちそうをつまんで食べさせてくれる。自分の口には入らない長い長いはしでも、向こう側の人の口になら入る。地獄と極楽の違いはただこれだけだった、という話。

簡単なストーリーだが心に残る。冒頭にあげた、鬼どもを困らせて地獄から追い出される話も、実は地獄に協力者がいたから。協力しあえば地獄も怖くない。似たような状況でも助け合うかどうかで決定的に変わる。助け合えば大抵のことはできるのだと、少し昔の人は繰り返し教えていたような気がする。

言葉で未来を引き寄せる

種まきの季節である。桜が散ったからこれを植えよう、カッコウが鳴いたからあれを植えようと、自然の移り変わりがカレンダーよりも正確に農作業を教えてくれる。「かちかち山」のおじいさんも、山鳩《やまばと》が鳴く季節になったからと山の畑に豆まきにいった。

ところがタヌキが邪魔しにくる。おじいさんは腹を立ててタヌキをつかまえ、タヌキ汁を作ってくれとおばあさんに頼んでおいて、再び畑へ働きにいった。もちろんタヌキはタヌキ汁なんかになりたくない。おばあさんをだまして殺し、タヌキ汁ならぬ婆汁をこしらえるという大変な展開になる。

それはともかく、このおじいさん、畑仕事を妨げられたからタヌキをつかまえたわけではない。おじいさんは「一粒まいたら

千粒になれ、二粒まいたら二千粒になれ」と声に出して唱えながら、畑に豆をまいている。それをタヌキが「一粒まいても腐れろ、二粒まいても腐れろ」と、まいた種を後ろからほじくり返してゆく。

「一粒まいたら千粒になれ」と声に出して唱える祈りは、心の中で「千粒になればいいなあ」と思っているだけに比べてはるかに強い。いわば神様との約束だ。せっかく神様と約束したのに、タヌキが否定する。神様との約束をそのつど壊されたから、おじいさんは腹を立てたのだ。

民話にはときどき唱え言葉が出てくる。この「かちかち山」もそうだし、「花咲か爺《じい》」のおじいさんは「ちちらぷんぷん　こがねさらさら　枯れ木に花を咲かせましょう」と唱えてから灰をまいた。「鳥のみ爺」のおじいさんなどは「にしきさらさら五葉松　とっぴんぱらりんのぷう」と屁《へ》をして、殿様からごほうびをもらった。屁だって場合によっては、未来を引き寄せる言葉になる。

言葉は力である。言霊《ことだま》といわれる、生きた存在だ。人と神様をつなぐだけでなく、神様そのものといってもいい。かつて人は言葉を畏れ敬った。いま世の中が変にねじれて見えるのは、言葉がぞんざいに扱われていることと、無縁ではないような気がする。

田の草取り

水をたたえた田がお日様に光っている。稲も日増しに伸びてきた。だが稲が伸びれば雑草も伸びる。この雑草取りが大変な仕事だったという。大変なことは、つい手抜きしたくなるのが人の常らしい。

宮城県白石市福岡で三番め草取りの話を聞いた。田の草取りには、一番、二番、三番とあって、三番めが終われば農作業に一段落つく。終わったことを報告した下男に、旦那が言った。「田んぼさ焼酎の瓶が埋めてあったべ。おまえらに飲ませんべと思って埋めておいたのだ。一杯やってけろ」下男たちは慌てて田んぼに戻り、さっき手抜きしたあたりの雑草を抜いて、焼酎を見つけた。「だから仕事はごまかして駄目なんだよ」と教訓のように付け加えられていた。

しかし、田の草取りというものは、それだけ辛《つら》かったのだ。一番め草取りは苗を植えて二、三週間後。まだ小さい苗を左手で押さえ、右手に専用の鍬《くわ》を持って、苗の根っこ周りを掘り起こすようにして抜く。二番めの草取りは両手をシャベルにして、つめで土をかっつぁぐ。「かっつぁぐ」を説明するのは難しい。「かき回す」と言えばやや近いが、終わるころにはつめが泥ですり減っている。すり減るのを通り越して、つめがなくなってしまうとか。

そして三番め草取りは夏にかかり、稲もだいぶ伸びてくる。穂先が肌にチクチク刺さる。田んぼの水はグラグラのお湯のようだし、お日様は背中をギラギラ照らしつける。蚊やブヨは来るし、ヒルに血を吸われることもある。暑い中、顔と手足をしっかり包み、背中を古簑《みの》などでおおって、お湯のような田んぼでの作業だ。手抜きしたくなったって無理はない。

田の草取りはほんの少し前は、みなこんなふうだった。今だって除草剤を使うまいとすれば似たようなことになる。

なんでもなく食べている米に、どれだけの大変さが詰まっているのか。大変さを当たり前のこととして働いていた、少し昔の人たちを思う。私たちは人の大変さに鈍感になりすぎてはいないか。

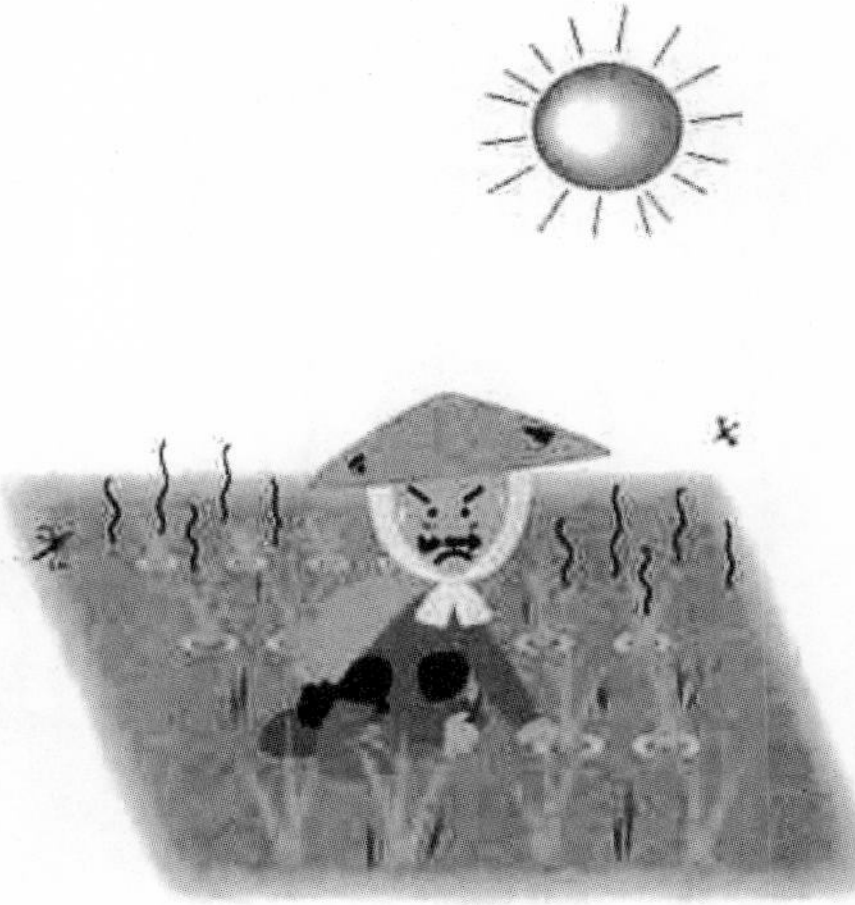

一番怖い話

聞いたのはずっと以前なのだが、今も折に触れて思い出す話がある。場所は青森県深浦、語ってくれたのは明治四十（一九〇七）年生まれのおばあさん。「子どものころ聞いた話の中で一番怖かったのは、どんなものですか」と尋ねたら、すぐにあげてくれた。

むかし、小さなお寺に和尚さんと小僧さんがいた。秋になって、小僧さんは栗拾いに行きたくなる。行かない方がいいと言う和尚さんを振り切って、一人で出掛けた。だが行っても行っても栗なんかどこにもない。夢中で探しているうちに、深い山奥に迷い込んでしまった。

おなかはすくし、日も暮れてくる。困り果てているところに犬がやってきた。後についていくと、竹の柱に笹の屋根をかけた粗末な小屋があった。中に男がいる。男は振り向きもせず「ここは人の来っとこでねえぞ」と言った。

「道に迷って来てしまいした。腹すいて、どうにもなんね。食べ物あったら少しほしい」

おそるおそる頼んだところ、男はやっぱり背を向けたまま、栗やアケビがたくさん入った籠を押してよこした。それを食べて人心地つき、余った分を返そうとすると「持っていけ」と言う。全部もらって、途中まで犬に道案内されてお寺へ戻った。

どこが怖いの、と、ちょっと不思議に思わないこともない。しかし、怖い話ならいくらでも知っていそうな人が、「一番怖かった」と即座に語ってくれた話である。

この親切な男は山人《やまひと》という。山人の顔を見ると人は死んでしまうので、山人は人に顔を見せないように人里から離れて暮らしている。その水を浴びると、人間が山人に変わるという滝もあるそうだ。

妖怪変化《へんげ》の類なら、いくら怖くても、子どもだって作りごとではないかと思う。だからキャーキャー怖がっても、怖がること自体が一つの遊びだ。だが山人は、深い山のどこかに確かにいたらしいのだ。普通の人とは明らかに違う暮らし。人に似て人でないもの。山奥にそういうものがいることは、確かに怖いことに違いない。

イヤなやつ

イヤな仕事を我慢するより、イヤな人間関係を我慢する方がつらいという。少し前までの女性がまず我慢しなければならなかったのは、お姑《しゅうとめ》さんとの関係だったろうか。

嫁いびりの激しいお姑さんがいた。初めは我慢していたお嫁さんも、あんまりいびられるので「あんなイヤな人と一緒にいられない。実家に帰る」と言い出した。息子としては、母親もお嫁さんもどちらも大事。考えて「母親を殺すから、ここにいてくれ」と頼む。ただし、嫁姑の間が険悪なことは近所に知られている。今殺したのでは犯人は息子夫婦だとばれてしまうから、しばらく姑のわがままを聞いて喜ばせ、嫁姑が仲良く見えるようになってから殺そうと言う。「半年だけ辛抱してくれ」と言われて、お嫁さんも承知する。

それからのお嫁さんは何をするにもお姑さんを立て、ひたすら優しく、親切に尽くした。すると、お姑さんの方でも優しくなり、何かとお嫁さんをかばうようになった。半年後、息子は「約束だから」と包丁を研ぎだした。お嫁さんは「とんでもない」とあわてて包丁をもぎ取って、それからは本当に仲良くなったという話がある。宮城県内でも聞かれる民話だ。

半年ではなく、たった一週間というのもあった。お姑さんと仲の悪いお嫁さんが、和尚さんから一週間で効くという毒饅頭《まんじゅう》をもらう。どうせ一週間だからと優しくしているうちに、お姑さんの態度が変わってくる。本当はこんなに良い人だったのかと、お嫁さんは毒消しをもらいにまた、お寺へ走っていく。

半年か一週間か。どちらにしてもそう長い期間ではない。嫁姑だけでなく、イヤなやつはあちこちにいる。お互い正論と思うことを振りかざして突っ張っていても、くたびれるだけだ。

共同で働くのが当たり前だった時代、良い人間関係を作れるかどうかは死活問題だったろう。相手の良いところを見て、肩肘はらずに気楽に行けと教えているのかもしれない。そんなに簡単に仲良くなれるかと思う人は、自分から折れて試してみたらどうだろう。

お手玉

子どものころ、学校での冬の遊びと言えば、縄飛び、馬跳び、おしくらまんじゅう、など。お手玉に熱中する女の子も多かったが、私はあまりしたことがない。

お手玉を持っていなかったのだ。布で小さな袋を縫い、中に小豆などを入れてみんな自分で作っていた。玩具を買ってもらうことなどめったにないから、自分で縫ったお手玉は特別なもので、きれいなお手玉を持っている子はそれだけで一目おかれた。私だって縫えたが、中に入れる豆がなかった。小豆はたまに田舎から送ってもらう貴重品で、背中を丸めて虫食い豆をより分けている母に「お手玉に入れる小豆が欲しい」と言えなかった。

後年、民話を聞き歩くようになってから、ある

集落で「お手玉に何を入れましたか」と聞いてみたことがある。「小豆」という答がすぐに返ってきた。それも良い小豆だという。お手玉は手で放って遊ぶから、屑豆《くず》を使うと砕けてしまうのだそうだ。でも別の集落では「そんな高価なもの、子どもの遊びに使わせられなかった」と聞いた。屑豆でも上等。そのほか、小石、どんぐり、貝、砂、なんだか分からない木の実などなど。

お手玉に何を入れたか、という小さなことにも、土地柄がはっきり出ていた。むろん「したことがない」という人も少なくなかった。

仙台市青葉区宮町では、お手玉を食べた話を聞いた。戦後の食糧難の時代、子どものお手玉をほどいて中の豆を食べたとか。

「食わず女房」という民話がある。ものを食べないというお嫁さんが、髪をといたら頭の中に大きな口があり、その頭の口に大量のおにぎりをポンポン放り込んでいたという話だ。まるでお手玉でもするように。

食べ物の絶対量が少なかった時代、「こんなふうに食べてみたい」と話し手はいつも思っていたのかもしれない。同時に、お手玉は一般に思われている以上にぜいたくなもので、普通の女の子には憧れだったのかもしれない。

たかがお手玉。しかし、その中には、さまざまな思いが詰まっている。

餅をしょった日

宮城県栗原市に「白鳥省吾賞」という詩のコンクールがあり、小・中学生の部の審査員をさせていただいている。小学一年生の女の子の作品に「もちをしょった日」というのがあった。一歳を迎える妹が餅を背負うのを、ハラハラワクワク見ている詩だ。一県内にも、一歳前に歩いた赤ちゃんに、餅を背負わせて歩かせる風習があった。一升の餅を風呂敷に包んで背負わせ、途中で軽くつついて、転ばせる。こんな風習はもうないだろうと思っていたのだが、今もやっている地域は少なくないと知って、うれしかった。

少し昔は何かというと餅をついた。冠婚葬祭はむろん、大事なお客さまを迎える日も、家族の誰かが遠くへ行く日も、季節の区切りにも、仕事の始まりや終わりの日にも、メーンのごちそうは餅。おいしいからという理由はあるが、餅は神さまに結びついた神聖なもので、これを食べることで何事をも乗り切る力が得られると信じられていた。

餅が登場する民話もたくさんある。たとえば、貧乏な家の痩せねずみと金持ちの家の太ったねずみが相撲を取る話。偶然目撃した貧乏なおじいさんは、家の痩せねずみが負けてばかりいるので、なけなしの米で餅をついて食べさせる。今度は痩せねずみが強くなり、金持ちねずみをポンポン投げ飛ばす。

人の餅つきを見た蛙《かえる》と猿が、相談して盗んでくる話もある。井戸に石を投げ込んで音をたて、蛙は大声で子どもの泣きまねをする。餅をついていた人たちは「大変だ、子どもが井戸に落ちた」と井戸に駆け付け、その間に猿が臼ごと盗んでくる。盗んだ餅をどう分けたかが面白いところだが、餅と子どもが近い関係にないと、こういう話は出てこない。

乳幼児の死亡率が高かったころ、赤ちゃんはいつ異世界に戻るかわからない不安定な存在だった。それが一歳になると、この世にしっかり居着くことになる。だから餅。スーパーでいつでも餅が買える時代だ。手軽になれば神聖さも減るが、赤ちゃんの成長を喜ぶ周囲の思いは変わらない。

イラスト・田中　望

狛犬の目

二〇一一年三月十一日の震災からだいぶ過ぎたけれど、胸につかえた重苦しさはむしろ強まっている。私の友人は津波に襲われた。地震数日後ようやく連絡が付いた。「海沿いに高い松林が続いてたんだけど、その松林のてっぺんを越えて波がかぶさってきたの。一瞬だった」。想像を絶する恐怖だった。何もかも押し流されて茫然としているところへ、さらに原発事故による避難指示。携帯の向こうから聞こえてくる友人の声に、言葉が出なかった。

原発反対をずっと言い続けてきた人だった。だが反対しようが賛成しようが、事故の被害は同じように降りかかる。民話を媒介に知り合った友人知人にも、何も言えないほどすさまじい体験をした人は少なくなかった。

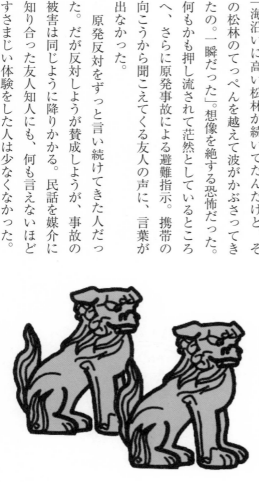

ている。

「狛犬《こまいぬ》の目」という昔話がある。ある島に「神社の狛犬の目が赤くなったら大惨事が起こる」という言い伝えがあった。あまり古い言い伝えなので、村人は半分忘れかけていた。信心深いおばあさんが、毎朝急な石段を登って、高台の神社へ確かめに行っている。

あるとき若者がいたずら心を起こして、夜の間に赤く塗っておいた。翌朝見たおばあさんは肝を潰《つぶ》し、村に駆け戻って逃げろと必死で触れ回る。だが人々は悪戯《いたずら》だと聞かされていたから、笑って相手にしない。おばあさんは仕方なく一人で高台へ逃げた。間もなく大きな津波が押し寄せ、村の全部が海に呑《の》み込まれた。

昔話だからむろん原発は登場しないが、津波の恐ろしさ以上に、得体の知れないものに対する恐怖を感じさせる。狛犬の目に色を塗った若者だって、それほど悪い人間ではない。だが神でない人間が、して良いことと、すべきでないことの区別は厳然とある。「絶対安全」と言いきれない原発も、すべきでないことに入っただろう。おばあさんが茫然《ぼうぜん》と下を見下ろしているところで話は終わり、この後どうしたかは語られていない。だがきっと村に降りて人を探し、見つけた人と一緒に村の再建に努めただろう。

人は微力だけれど、動ける者が動ける場所で動くしかない。私もできるだけのことはする。この稿が出るころは、状況がもう少し良くなっていてほしいと切に願う。

雨漏り

民話に「漏りがおっかない」という笑い話がある。雨がしとしと降る夜、おじいさんとおばあさんが話している。

「こんな晩は狼《おおかみ》がおっかないなあ」。この家の馬を狙って忍び込んでいた狼は「おれは怖がられている」とひそかに得意がる。ところがおじいさんは「狼などおっかなくない。一番おっかないのは漏りだ」といい、そのうち「あ、来た」となる。

狼は怖くなり、漏りに見つからないうち逃げようとするのだが、やはり忍び込んでいた馬盗人《ぬすびと》と鉢合わせする。真っ暗な中で盗人は狼を馬と間違えて飛び乗り、狼は漏りにつかまったと焦る。やがて盗人は狼だと気付き、落ちれば食べられてしまうから

必死でしがみつく。振り落とそうとしてやみくもに走る狼と、死に物狂いでしがみつく盗人。話を聞いている人は笑ってしまう。狼には何だかわからず、おじいさんおばあさんには世の中で一番怖いものが雨漏りだった。

東日本大震災で一時は避難所に避難したものの、すぐに自宅に戻った知人がいる。ペットが一緒なので他の人たちに遠慮したとか。犬だって津波を乗り切った大事な家族だ。だが、みんな疲れているし、身内を失った人もいる。正面切って犬を連れてくるなという人はいなかったが、迷惑がられているのがわかるだけにいづらかった。

自宅には戻ったが、壁の一部が崩れ、壊れた屋根にはビニールシートが張ってある。家の中はロウソクだし、外も真っ暗。隣近所から切り離された家の中で不安に耐えているとき、雨漏りが何より怖かったという。今でさえ不安なのに、このうえ雨で家がもっと壊れたら、という恐怖が加わる。

おじいさんおばあさんの感じた怖さも、この不安に似ている。村のみんなは共同で屋根ふきをするが、貧しいおじいさんおばあさんは提供する材料も労力もない。仲間に入れてもらえず、じっと耐えているしかなかった。だが民話は、この不安さえ笑い話にする。大変なたくましさだ。困難を笑い飛ばすたくましさを、今だからこそ思い出したい。

獣の本能

二百十日が近い。台風の進路には毎年はらはらさせられるが、今年（二〇一一年）はとくに被災地が気に掛かる。

「狐の恩返し」という昔話がある。親切なおじいさんが山で狐《きつね》を助けたが、そんなことはすぐに忘れてしまった。やがて嵐の季節が来る。大風が吹きまくって田畑は大変な被害を受けた。おじいさんは山の炭焼き小屋が心配で、嵐がやむのを待って様子を見にいった。山も惨憺《さんたん》たるありさまだった。ようやく小屋の近くまで行くと、この間の狐が出てきた。

「おじいさん、それ以上行っては駄目だ」「そんなこと言われたって、炭焼き小屋見てこねばなんね」。言い争っているうち、狐はおじいさん

の弁当を取って逃げた。おじいさんがあわてて追い掛けたとたん、今までいたところの地面が崩れて、危ういところで難を逃れた。

山崩れを本能で予知した狐が、おじいさんを危険な場所から遠ざけようと、弁当を盗んで逃げたのだった。動物の恩を感じる心と同時に、神秘的ともいえる本能の不思議さが、実話に近い話として語られていた。

三月の津波も、人より先に犬が察知したという話を何度か聞いた。飼い犬がおかしな吠《ほ》え方をするので外へ出てみたら、はるか遠くに真っ黒な波が見えたという。人は目で見るまで気付かないが、犬は見なくとも気配で感じる。

地面の下にいる大ナマズが暴れると地震になるとか、いやナマズは地震を予測したから暴れるのだとか、地震の発生についての話もいろいろある。人には感じられなくなってしまった天変地異を、動物は本能で知るらしい。

それを、少し昔の人は「神秘」と呼んだ。本能といえば知能以前のような感じだが、神秘といえば人を越えた大いなるものに結びつく。

人も獣も魚も自然界の中ではみんな同じ。本能を「知能以前」と言い換えて科学的だと思い込んだとたん、人だけが偉くなる。自然災害を大きくする要因の一つに、人だけが偉いという過信がないだろうか。

怠け者

ぎっくり腰になった。とにかく痛い。一番近い整骨院へ行くのだって大変だった。しかし、痛いのは腰を動かすときだけで、姿勢を変えなければ、どうということもない。ソファに丸まって、誰かが食べさせてくれるのをじっと待っている。食べ終わったら、やっぱり誰かが片付けてくれるのを待つ。まるで怠け者の典型だ。こういう人種を宮城県では「かばねやみ」とか「やみぞう」とか言う。

あるかばねやみの男が、おにぎりを背負わせてもらって旅に出た。昼ごろになっておなかがすいてきたが、背中のおにぎりをおろして食べるのは面倒だ。空腹を我慢して歩いて行くと、向こうから口を大きく開けた男が来た。喜んで呼び止める。「あんた、そんなに口あけてるところを見ると、腹減ってるんだろ。半分やるから、おれの背中からおにぎりを下ろしてくれ」。相手が答える。「とんでもない。おれは笠のひもが緩んで落ちそうなんだが、結び直すのが面倒だから、口を開けて顎で押さえているのだ」。かばねやみにも上がある、という話。

かばねやみの猟師もいた。近くの沼でカモを取って生計をたてていたが、一日一羽では面倒だから一度に百羽捕らえて、あとの九十九日は寝て暮らそうと考える。夜に水の上に百個の罠《わな》を仕掛けたところ、カモは次々に来てかかり、猟師は罠の端を持って百羽目を待っていた。ところがそのうち朝になって、カモは足を罠に掛けたまま飛び上がり、猟師も引っ張られて、空高く連れてゆかれてしまった。

だから、怠け心は出すなという教訓らしいが、昔話では、笑って許してしまうものが多い。笑って許す、どころか、落ちた拍子に、カモのほかにうさぎと山芋と沼エビを取った、などという話もある。真面目に努力するより、調子のいいことを考えて寝ている方が得をする。おおらかと言うか、不公平と言うか、その無節操さが何ともおかしい。

秋は怠け者が増えるようだ。その前後が忙しいから、ときには風穴をあけたくなるのかもしれない。ぎっくり腰も、授かった骨休みだと思ってのんびりしよう。

柿

実った柿が収穫されずに木に残っているのを、よく見かける。毎年のことだが今年（二〇一一年）はとくにそうだ。先日もあるところで、干し柿にしたら放射線濃度が生柿の数倍になったと聞いた。今年は仕方がないのかとは思うものの、やはり寂しい。

私が子どものころ、果物といえばもっぱら柿だった。おやつなどろくになかった時代だ。同じ果物でもリンゴやミカンはお金で買わなければならないが、柿ならただで食べられる。自分の家に柿の木のある子は大威張りだったし、柿の木がない子はなっている実をこっそり盗んできた。あたりも笑って見逃してくれた。柿は特別なんだからしょうがない、と近所全部が思っ

ていたようなところがある。

だから「さるかに合戦」のかにの気持ちは、子どもにもよく分かった。かにはおにぎりを、さるは柿の種を拾うのだが、ずる賢いさるはおにぎりと柿の種を取り替え、さっさと食べてしまう。かには大事に大事に小さな種を植えて「早く芽を出せ柿の種、出さぬとはさみでちょん切るぞ」「早く実がなれ柿の種、ならぬとはさみでちょん切るぞ」と呼びかける。ちっぽけな種に呼びかけるかにの気持ちは子どもにも切実だった。柿の種は芽を出し、どんどん伸びて、やがてたくさんの実をつけた。

呼びかけられれば木だってきちんと答えるのだ。小正月の「成木責《なりき》め」も似た行事だ。子どもが二人一組で実のなる木のそばへ行き、一人が「成るか成らぬか、成らざら伐《き》っつぉ」と切る真似をし、もう一人が木に代わって「成り申す成り申す」と答える。今は見られなくなったが、少し前まではあちこちでなされていた。

柿の実が実ってくれるのを、みんな待っていた。甘柿はもちろん、渋柿だって干せばおいしくなる。むいた皮も捨てずに一緒に干した。香煎《こうせん》の甘味にしたり白菜漬けに入れたり、いくらでも使い道があった。

木だって感情を持っている。その柿が、今年は収穫もされずに、木の上で腐らねばならない。原発事故の先行きが不安なのは、人だけではないだろう。

サトリ

聞いたのはずいぶん前なのに、何かの拍子に思い出すと、背中がぞくっとしてくる話がある。「サトリ」もその一つだ。

冬の山にこもってかんじき曲げをしているじいさまがいた。かんじきは、雪の上を歩くために、少し前まで雪国でよく使われた履物である。昼は材料にする蔓《つる》を切り、夜になると火であぶって、皮をむいて、かんじきの形を作る。

ある晩、男の子が小屋に入ってきて「火に当ててくれ」と言う。話し相手もなく一人で過ごしていたじいさまは、はじめは喜ぶが、考えてみるとおかしい。

こんな山の中、この子ども、どこから来たんだべ、と思うと、子どもがすかさず「この子ども、どこか

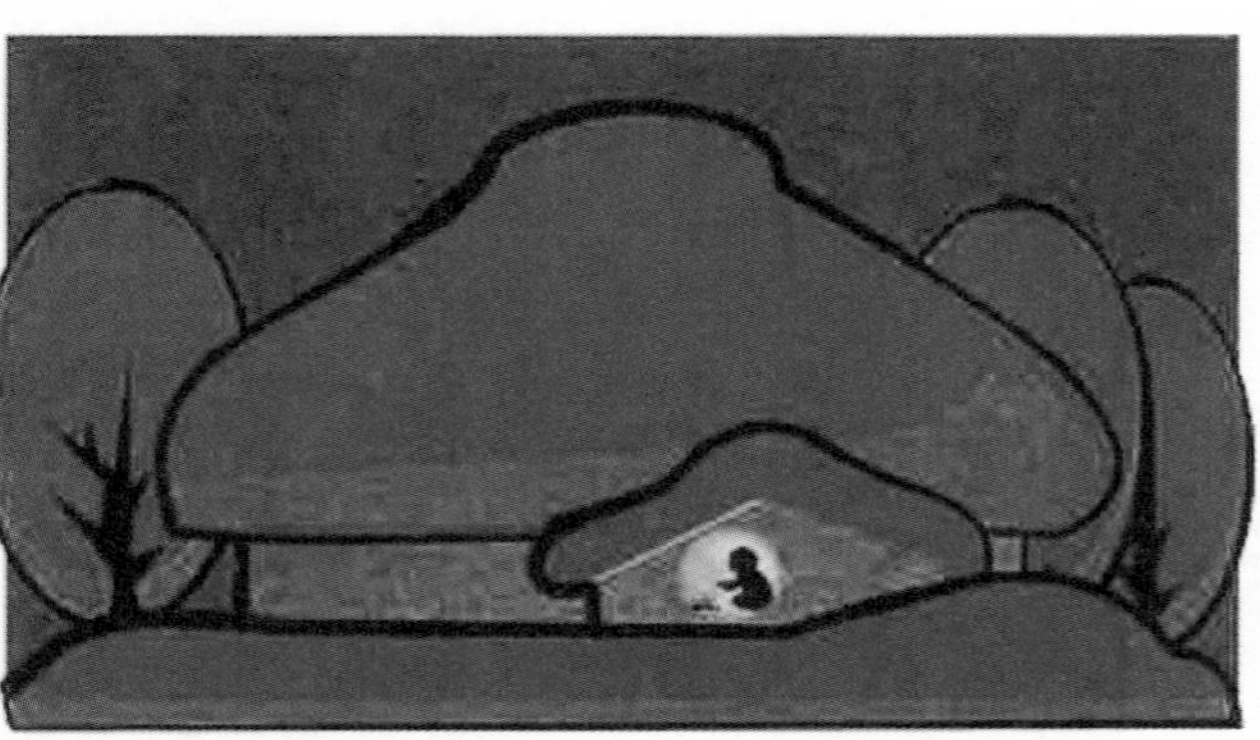

ら来たべと思ったな」と言う。じいさまが、あれ、不思議な子だ、と思うと「あれ、不思議な子だと思ったな」。こっちの思うこと次々当てる、と思うと「こっちの思うこと次々当てる、と思ったな」。

じいさまは気味悪くなって、なるべく考えまいとする。そのうち手元が狂って、かんじきの蔓がパーンと飛び、子どもの顔に当たった。子どもは「おっかねぇ。人というものは、心に思わねえことをするもんだ」と逃げていった。この子どもが「サトリのアッパ」で、人の心を悟るものだったという。

この話はここで終わるが、思ったことを次々当てていって、思うことがなくなると食べてしまう妖怪として語られることもある。

夜更けの山小屋だ。あたりは静まり返っている。たき火のはぜる音、積もった雪が凍る音、遠くで木が雪にたわむ音、そんな音だけがしんしん迫ってくる。たった一人で大自然と向き合っているような寂寥《せきりょう》感。いるはずのない何かが塊になってふっと目の前に現れても、不思議ではない。山自体が持っている命の総体、と言ってもいい。

人のちっぽけさが嫌でも思い知らされる。サトリは、人の小ささと自然の大きさの落差から生まれたのかもしれない。だとすると、怖いと言うより畏れに近いのだろう。人の暮らしの根っこにあった畏れを、いま一度考えてみたいと思う。

現代の怪談

最近、と言っても（二〇一一年の）秋の終わり頃からだが、ぽつぽつと幽霊の話を聞くようになった。

夜、車で走っていたら、誰かが前の方を疲れきった様子で歩いている。こんな時間に、こんな場所を、と不思議に思っていると、その人が乗せてくれというふうに手をあげた。乗せようとしてスピードを緩めたが、いつの間にか見えなくなっている。急に寒気がして、自分のいる場所が一瞬分からなくなった。

前方をふらふら走っている人たちに出会った、という話も聞いた。接触しそうになって慌ててハンドルを切ったところ、ふっと消えてしまった。

暗くなると子どもの声が聞こえるという場所もある。大勢でふざけたり遊んだりしている楽しげな声で、ときどき笑い声も混じる。やはり子どもの声が聞こえるという別の場所では、笑い声ではなく、すすり泣きだという。

いずれも昨年（二〇一一年）の東日本大震災の津波で大被害を受けた地域だ。暗いし、顔が見えたと思った瞬間に消えてしまうから、どこの誰なのかは分からない。震災から一年以上が過ぎ、復興とか前進とかが盛んに言われるようになったが、一方ではそんな言葉が空々しく聞こえる人だっているだろう。表面は明るく振る舞っていても、何かの拍子に時間が巻き戻って、沈み込んでしまう人も多いかもしれない。

死者・行方不明者二万人と数字で示されても、一人一人はみんな別なのだ。亡くなったあの子はさぞや悔しかったに違いない、幽霊になってでも家へ帰りたかったに違いない、と死者の無念さをつい思いやる。どんなに片付けが進んだって、心の中までは整理しきれない。理性と感情の隙間、一人と大勢の隙間、自分とご近所の隙間、見えない隙間があちこちにあいていて、その隙間から現れるのが幽霊かもしれない。

昔からさまざまな幽霊がいた。お墓の近くでタクシーに乗った若い女性の幽霊。六文銭を握ってあめを買いに来た母親の幽霊。幻でも、魂だけでもいいから出てきてほしい、という割り切れない思いは、今も怪談を生み続ける。

甘酒

丸森（宮城県）で「よいかんばす」という昔話を聞いた。漢字になおせば「良い芳す」とでも書くのだろうか。山寺に和尚さんと二人の小僧さんが住んでいる。ケチな和尚さんは甘酒が大好きで、夜更けにこっそり一人で飲んでいる。飲みたいのは小僧さんだって同じだから、考えた末に「名前を変えてください」と頼む。「どう変えたいんだ」「よい、と変えたい」「おれはかんばす」

企みがあるとは気付かない和尚さんは軽く承知し、その夜も甘酒を沸かして「よいかんばす、よいかんばす」と一人でにやにやしていた。そこへ「はい、お呼びですか」と小僧さんが起きてきて、すっかり飲まれてしまった、という話。

お寺では和尚さんは権力者だし、小僧さんの立場は弱い。強いものに対抗して甘酒をせしめる小僧さんには、憎めないどころか、けなげさまで感じて笑ってしまう。

しかしまた、甘酒はそれだけ貴重なものだったらしい。この話をしてくださった方は、甘酒は田植えのために特別に作った、と言っていた。田植えは忙しいから手伝いの人を頼み、食事は朝昼晩三度のほかに午前十時と午後三時。午前はお菓子くらいですませても、午後は豪華に甘酒を振る舞った。

「青草を敷いて、麹《こうじ》を作って、米をふかして発酵させた。青草を敷いておくと熱持つから、それで麹を作ったんだね。半分は味《み》噌《そ》の麹に取って、半分は甘酒。田植えはお祝いだから御馳走《ごちそう》を作るの」

丸森の、別な地域の松崎さんは「甘酒って特別おいしいもので、病気でもないと飲めなかった」と言っていた。甘酒梨というのもあって、甘酒のようにおいしい梨なのだそうだ。

この話は冬になると「フウフウパタパタ」になる。ケチな和尚さんがこっそり餅を焼き、フウフウ吹いて冷ましたり、パタパタ灰を落としたりするので、小僧さんが「フウフウ」「パタパタ」と名前を変えてもらう話だ。

なるほど民話は暮らしにピタッとくっついているのだなと、改めて思う。季節とくっついた少し昔の暮らしが、うらやましい気もする。

鈴虫

昼の暑さが引いて少し涼しくなると、窓の外で虫の声が大きくなる。なんともにぎやかなのだが、聞くともなく聞いているうち、妙にしんとした気持ちになってくる。秋の虫は、なぜあんなに必死で鳴くのだろう。

コオロギが一番多いが、スズムシの声もする。鶯沢（宮城県栗原市）のスズムシは昔は鈴だったそうだ。町場の神社に鈴として下がっていたのだが、参詣の人が鳴らすたびに、とんでもなく悪い音がする。鈴の値打ちは音の良さだから、みんなに「音が悪い、音が悪い」と言われると、自分が根本から否定されているようで、いたたまれない。

別な神社へ行ったら音がよくなるのではないかと、遠くの金比羅様まで転がっていった。「今度こそ」と思いながら神社の入口に下がっていたのだが、やっぱりみんな「こんなに音が悪い鈴は、ない方がいい」と言う。そこをすごすご降りて、また別の神社へ行った。

そんなふうにしていくつも神社を移ったけれど、誰にも認めてもらえない。あちこち転がってでこぼこになり、もっと音が悪くなってしまった。神社を一つ移るごとに町から遠くなる。とうとう細倉鉱山のさらに奥、山神社まで来てしまった。気の荒い鉱山の男たちに「こんなもの鈴でねえ。なして神社に下がってるんだ。ぶっ壊してやるべか」と怒鳴られて、びっくりしてすべり落ちた。

「おれは鈴としての価値はねえのかなあ」と、行くあてもなく山道を転がっているうち、足をすべらせて深い谷に落ち、つぶれて死んでしまった。哀れに思った観音様が、鈴を虫にしてやった。非常にいい声で鳴く虫で、これをスズムシという。鈴は虫になってはじめて、みんなから愛された。

けなげというか哀れというか、たった一言だれかに「いい音だ」と言ってほしくて、思い付くかぎりの努力を重ねた。そう思って聞くと、ちっぽけな虫の声にも命がけのひたむきさが感じられる。短い命だから、なお必死なのかもしれない。虫だって、自分の真価を見いだすために命を賭ける。まして人は。

月の夜ざらし

民話をたずね歩いていると、怖いけれど美しさをより強く感じる話に出会うことがある。「月の夜ざらし」もその一つだ。

わがままな一人娘が婿を迎えるところから始まる。娘も初めは喜んでいたが、だんだん婿が嫌になり、とうとう顔も見たくなくなった。占い婆《ばば》に相談すると、婆は一つかみの麻の種をくれて言った。

「月夜の晩にこの種をまき、月夜の晩に刈り取って糸に紡ぎ、月夜の晩に着物に仕立て、その着物を月夜の晩に北向きに干してから婿どのに着せろ。だがな、そんなことはしない方がいい」

けれど娘は教えられたとおり着物を縫い、月の光にさらして婿に着せかけた。とたんに婿は庭へ下り、屋敷を抜けてどこかへ行ってしまった。娘は喜

んだが、三年もたつと今度は恋しくなる。占い婆に泣きついたところ「十五夜の晩、真夜中に六道の辻を通る」と教えられた。待っていると、婿が影のように歩いてくる。娘は金縛りにあったように動けない。通りすぎるとき婿は「月の夜ざらし知らで着て、いまは夜神《よがみ》の伴をする」と一言残して、またどこかへ消えてしまった。

「んだから倦怠《けんたい》期なんて言わないで、ダンナは大事にしなくてわかんないんだよ」と、話し手は最後に付け加えて、聞き手を笑わせた。

多くはないが宮城県の南北で聞かれる話で、たいていの場合、洗濯物は夜は外に干すものではないとか、模様も何もない白い着物はふだん着るものではないとか、教訓のように加えられる。死装束に似た白い着物を着せられ、永遠に消えてしまう婿も気の毒だ。

だがこの話の根っこにあるものは、それだけなのか。教訓や婿への同情よりも、ぞっとするような美しさをまず感じてしまう。

もしかしたら「月」のせいかもしれない。話の要所要所で月が大事な役割を果たしている。昼が人の時間ならば、夜は人以外のモノの時間。夜を支配するのが月だ。一昔前、大事な祭りは満月の下で行われた。月には現世と異界を結ぶ不思議な力があるらしいのだ。善悪を越えた何かが、話の隙間から漂ってくる。

餅

子どものころ、もうじきお正月だと実感することの一つに、餅があった。近所の米屋さんが届けに来るのである。丸い鏡餅と平べったいのし餅だった。まだほんのりと温かく、押すとへこむが指を離すと元に戻る。その弾力が嬉《うれ》しくて、誰も見ていない隙に何度もこっそり押してみたりした。

のし餅は切る頃合いが難しい。届いた直後は柔らかくて切れないし、時間が経《た》ちすぎると固くて包丁が立たなくなる。ほどよい固さになったのし餅を切る母の手もとを、子どもたちはワクワクしながら見つめていた。そのワクワク感が、お正月間近の華やいだ気分をいやでも盛り上げた。

注文してついてもらう大きなのし餅ではなく、パック入りの切り餅になったのは、いつごろからだろう。餅は固くて四角いもの、と思っている人が増えたが、変形自在の柔らかいものが徐々に固くなるところに価値があるような気がする。

山形県新庄市で「白い鳥になった餅」という民話を聞いた。

裕福で、威張ってばかりいる殿様がいた。この国には馬を走らせて的を射るお正月行事があり、あるお正月、殿様は的を餅で作り、自分が真っ先に餅の的を射た。矢が的に突き刺さった瞬間、餅は白い鳥に変わって天へ飛び去った。次の年から作物が実るころになると、多数の白い鳥が飛んできて田畑を食い荒らしてしまう。次の年もその次の年もそうで、殿様は没落した。

「んだから食べ物は粗末にさんねもんだ」と語り手は言った。食べ物は食べ物でも餅だから、なおさら粗末にできない。鳥になって天へ飛び去る、とは、もともと餅は天界に属するものだったからだろう。

鏡餅は積み重ねることで天に近付く。少し昔、餅は冠婚葬祭に関わる場面で繰り返し食べられてきた。それが神様につながるものだったから。

お正月は神様と人が一年で一番接近する季節だ。のし餅を切る大人の手もとをワクワク見つめていた子どもたちだって、お正月という特別な区切りを漠然と感じていたに違いない。

フキノトウ

私が子どものころは今より寒くて、雪も多かった。暖房といえばコタツしかなかったから、そう感じたのかもしれないが、とにかく寒かった気がする。だから、春を待つ気持ちも強かった。学校からの帰り道、子どもが何人か集まると、決まって誰が最初にフキノトウを見たかという話になった。雪が降ろうが風が冷たかろうが、フキノトウが出れば春なのだ。小さな緑色のフキノトウは春を引っ張ってくる。

フキノトウの民話をはじめて聞いたのは、宮城県大崎市の鬼首《おにこうべ》だった。

ある山里に父親とフキという娘が暮らしている。父親が病気になって、どうしても良くならない。山奥に、それを飲めばどんな病気でも治

る、という清水が湧いていた。だが、そこは深い奥山で、そのうえ必ず一人で行かなければならないという言い伝えがあった。フキは決死の覚悟で水を汲《く》みに行く。ようやくたどり着いたとき、若い男が現れて親しげに笑いかけた。山の恐ろしさと一人ぼっちの心細さにたまらなくなっていたフキは、ほっとして笑い返す。男は手を添えて水を汲んでくれた。とたんに山が荒れ出し、風と雪の大嵐になった。

　里の父親は、不思議に回復した。フキを案じて何日も捜し回り、清水のところで見覚えのある手桶を見つけた。フキが見つからないので、雪の下に出ていたフキノトウを掘ってきて庭に植えた。やがて大きく伸びたフキノトウは、風に綿毛を飛ばしながらフキそっくりの声で歌った。

「バッケ　バッケ　フキノトウ／風が吹いたらなじょになる／風の三郎にさらわれて／遠いお空に飛んでった」

　鬼首は鳴子の奥、秋田との県境に近い豪雪地帯である。この民話は秋田県から伝わってきたそうだ。話を聞きながら、フキノトウが出たら春、という思いは、冬の長い地方ほど切実なのだと改めて思った。

　奥羽山脈の東と西で、人は深い雪の中で春を待っている。優しくて、けなげで、雪の下から昂然と頭をもたげるフキノトウは、東北人の魂のようなものかもしれない。

タニシ長者

農家の友人の田んぼでタニシを見た。農薬をできるだけ使わない人である。こんなにたくさんのタニシを見たのは数十年ぶりだった。「昔はどこにでもいたよねえ」。思わず口に出た。「いたわね。田んぼの水路がタニシ色になるくらい。私、よく食べさせられた」

「え、タニシを食べたの」

「食べたよ。タニシの味噌《みそ》汁ってシジミ汁みたいな味なの」

今はあまり見かけないが、少し昔、田植えが終わったばかりの苗の根元や、田んぼ脇の水路など、とにかくタニシはたくさんいた。「ツブ」ともいう。子供はみんな小さな生き物が好きだから、タニシを見るとつついてみたくなる。

タニシが増えるのは水がぬるむころで、外遊びがうれしくなる季節でもあった。ひょうきんで、したたかで、賢くて、良い遊び相手だ。

タニシの昔ばなしは宮城県でもよく聞く。タニシとキツネが駆けっこした話、カラスと知恵比べした話、お薬師様を火事から守った話などさまざまある。小さなタニシがキツネやカラスと渡り合うのは、なんとも楽しい。

おまけに、タニシは少々神秘的で、ロマンチックでもある。「タニシ長者」のタニシが、そうだ。子どものいない夫婦が、水神様に「タニシのようなものでもいいから子どもを授けてください」とお願いしたところ、本当にタニシが生まれた。

このタニシ、何年たっても大きくならない。ふつうの息子なら少しは親の助けになるのに、と愚痴をこぼすお父さんを後目《しりめ》に、おれも年ごろだから嫁が欲しいと言いだす。やがてタニシは、知恵を働かせて長者の娘と結婚した。水神様の申し子だから、タニシと人が結婚したって、最後はみんな幸せになるのである。

水がぬるむといっせいに出てくるタニシは、人の目に付きやすい。それだけ人の暮らしのそばにいたし、田んぼの守り神とも考えられていたのだろう。タニシやメダカの群れる田んぼが、もっと増えればいいと思う。

蛇の御利益

友人が財布に不思議なお守りを入れていた。名刺よりやや小さめ、光沢があって、蛇のウロコのような光り方をする。

「当たり前でしょ。蛇だもの」と友人はあっさり言った。蛇の抜け殻を切って、ラミネート加工してもらったのだそうだ。抜け殻だから、そのままではすぐ壊れてしまう。

蛇の抜け殻を財布に入れておくとお金がたまる、としばしば聞く。とくに（宮城）県北ではそういうことになっている。脱皮を繰り返して大きくなる蛇は、財産が大きくなることにもつながるらしいのだ。

長くてにょろにょろして、気味悪がられることが多いが、蛇はついこの間まで神様だった。蛇にまつわる民話で有名なのは「蛇婿」だろうか。人の娘のところへ夜な夜な通ってくる美しい男が、実は蛇だった、という話。

蛇から福を授かる話も多い。子どもにいじめられていた蛇を、おじいさんが小銭を与えて買い取り、放してやった。その夜、知らない娘が現れて、竜宮のようなところへ案内される。そしてお土産に、日照りのとき、この中の水を田んぼに注ぐようにと、ちっぽけな壷《つぼ》をもらってくるのだ。やがて本当に日照りになり、稲が枯れ始めた。半信半疑で壷の水を注いでみたところ、水はたちまちあたりの田んぼ一面に満ち、ぐったりしていた稲は勢いを取り戻して大豊作になった。

秋田県の八郎潟はじめ、大蛇が作ったという池や沼も多い。

少し昔、米がどのくらい取れるかは人の死活問題だった。それをつかさどったのが蛇だ。蛇はとてつもなく偉大な神様だから、脱ぎ捨てた殻にさえ力がこもっている。ほんの小さな壷から、広い田んぼを満たすに十分な水を出す神秘に比べたら、財布のお金を増やすなどたやすいことなのだろう。粉々になった抜け殻のカスでさえ、それで肌をこするとイボが取れるのだそうだ。

愛子《あやし》（仙台市青葉区）の住宅地に住む別な友人は、蛇の抜け殻を近所の山で見かけたと言っていた。私も欲しいものだと探したのだが、なかなか見つからない。

カカシ

丸森（宮城県）の上滝に「カカシ祭り」という祭りがあるそうだ。野良着に笠というクラシックなスタイルから正装した花嫁花婿まで、さまざまなカカシが並んで笑いを誘うという。「カカシの昔話はありますか」と聞いたら「神様なのでカカシ様です」と訂正された。

貧乏な百姓がようやく自分の田んぼを持てるようになった。張り切って働き、いよいよ秋になって稲が実った。ところがスズメがきて稲を食い散らす。追えば逃げるが、すぐ寄ってきて仕事にならない。物知りの長老に相談すると「カカシ様を立ててみろ」と教えられた。三つ作って田んぼに立てたところ、本当にスズメが来なくなった。

稲刈りも無事終わり、やがて正月。「いい正月を迎えられるのもカカシ様のお陰《かげ》だ」と、百姓は女房にカカシの分もごちそうを作らせる。カカシが三つだから、お膳も三つ。そのお膳の前に、元日の朝三人の姉様が座っていた。女房が焼きもちを焼いて夫婦げんかが始まる。そのうち姉様の一人がスッと出ていった。二人目も出ていき、三人目も行こうとする。亭主があわてて押さえたところ、ひえの俵をつかんでいた。最初に出ていったのは金《かね》の俵、二番目は米の俵だった。金も米も来てくれたのに、ひえしかつかめなかったという話。

なるほどカカシは神様らしい。神様だから福をもたらすし、けんかを嫌う。「古事記」にも、大国主命《おおくにぬしのみこと》に知恵を貸したクエビコという神様が出てくる。田んぼの中に一本足で立って、世界中を見渡している知恵者である。あらゆることを知っているのだが、歩けないので、用があるときはこちらから行かねばならない。

古事記にカカシが登場するくらいだから、大昔から田んぼはあって、カカシが立てられていたと思われる。そして大昔からカカシは神様で、知恵の神様は活発に歩き回るものではなかったらしい。福を手にするには努力だけでは不十分なのだろう。仲良く笑っていないと福が逃げてしまうと、カカシ達《たち》はユーモラスな姿で教えているのかもしれない。

無知な殿さま

民話の中には、ものを知らない人をからかう笑い話も多い。同じからかうのでも、笑った後に笑いきれないものが残ることがある。山形県新庄市で聞いた話は、田んぼで働いていた爺《じい》さまに、殿さまが声を掛けるところから始まる。

「じい、じい、田んぼの中にある、そのヒョコヒョコしたものは何だ」「これは稲を刈った後の、稲株というものでござりやす」

毎日米を食べているのに、稲株を知らない。聞き手は思わず笑ってしまう。そのうち殿さまは「この稲株は全部でいくつあるのか。おれが狩りから帰ってくるときに答えろ」と、とんでもないことを言い出す。しかしこの話は、賢い婆さまと美しい娘のおかげで、めでたしめでたしで終わる。

福島県で聞いた似た話は、全然めでたくなかった。庶民の暮らしぶりを知ろうとして、殿さまが里の見回りに行く。まず米のなる木を探したのだが、見つからない。とうとう家来に聞いた。「殿さまの足もとの、田んぼにはえている稲がそうです」「嘘《うそ》だろう。こんな小さな草に、重い俵が下がっているはずがない」

この殿さまは、米というものは、俵に入って木からぶら下がっていると思っていた。

さらに行くと、一本の木があり、「これはクルミといって、うまい実がたくさん取れます」と説明された。もっと行ったら、漆の木があった。「木に傷を付けて液を取り、漆にします」。それを聞いた殿さま、「一本の木からクルミを取ったり漆を取ったり、百姓とはなんともうかるものか。もっと年貢を上げねばならない」。

こんな調子で年貢を上げられたら、百姓はたまったものではない。殿さまとは愚かな者だ、と笑い話にしてからかうことで、為政者の無理なやり方を暗に批判したのだろうか。力ではかなわないから、せめて陰でからかう。いくら無知でも、やっぱり殿さまは怖いのだ。

庶民の生活から遠く離れた現代の政治家がダブってきて、おかしいような悔しいような、苦いものが残ってしまう。からかうことしかできない側にも腹が立つような。

神様の縁結び

十月は「神無月」。日本中の神様が出雲へ出かけて他の土地には神様がいなくなるから、こんな名前が付いたともいう。そんなに神様が集まって何をしているかというと、カップルにすべき男女のことを話し合っているのだ。日本中の神様が集まってはいるのだが、結婚させるべき人間の数はさらに多くて、神様たちが朝から晩まで汗だくで組み合わせても、なかなか終わらない。

それでも神様だから、悪戦苦闘の末に全部しかるべき相手と結び付ける。ある男が旅の途中で偶然お社の床下に入り込んだ。夜中に目を覚ましたら神様が男のことを相談している。「いま女の赤ん坊が生まれたから、それと一緒にしよう」。冗談ではない、赤ん坊が大人になるまで待っていられるかと、男は赤ん坊を探し出して殺してしまう。その後、男は何度か結婚しようとしたが話はその都度こわれ、二十年近くもたってから、ようやく妻を迎えた。首に醜い刃物傷があるため、結婚話もなかったという女だった。「赤ん坊のころ、知らない男が急に切り付けてきたのです」と女は言った。神様が決めたことを人の浅知恵で変えられるわけもないのだと、男は改めて後悔し、妻を大事にした。

都のお姫様が、夢で神様のお告げを知り、はるばるみちのくへやってくる話もある。真っ黒になって働く貧しい炭焼きの妻になるためだ。だが炭焼き窯のそばに莫大な黄金が埋まっており、夫婦は大金持ちになった。結婚は理屈では割り切れない。神様の決めてくれたことを疑わずに進んでいくことが、幸せにつながると教えているようだ。

イラスト・田中　望

中国の月下老人は男女の仲をつかさどる仙人で、カップルになる者の足を赤い糸で結んでおくという。十月、結婚式のシーズンである。人は自分の意志で好きになったり結婚したりしているつもりでいるが、実は神様が前もって決めておいた相手を探しているだけなのだ。派手な喧嘩《けんか》をしても、傍目《はため》には少々アンバランスでも、最後にはきっとうまくいく。昔からそういうことに決まっている。

貧乏の神・福の神

お正月を控えて神様も引っ越しする。貧乏神と福の神では誰だって福の神を好きそうなものだが、実際は貧乏神のほうが親しまれているらしい。民話の世界では特にそう見える。

大晦日《おおみそか》の夜、天井裏で、痩せた小汚い年寄りがしょぼしょぼ泣いていた。「おれは貧乏神なのだが、今夜この家に福の神が来る。住み慣れた家を追い出されるのが悲しい」。親の代のさらに前の、ずっと昔から住みついていたという。同情した夫婦は貧乏神にご馳走《ちそう》したうえ、せっかくやってきた福の神を、貧乏神と協力して追い返してしまった。

別な一人者のところでは、大晦日の晩に押入から貧乏神が這《は》い出してきて「長い時間世話になったが、今夜引っ越す。金、銀、銅の荷を積んだ三頭の馬が通るから、足を叩《たた》いて倒せば積み荷はおまえのものになる」と教えた。男は棒を持っていたが、馬は速くてすぐに走り去る。三頭とも見逃してがっかりしていると、もう一頭来た。今度こそ叩いたら乗っていたのは貧乏神で、腰を痛めて動けなくなった貧乏神がまた居座ることになった。

また別の家族。貧乏で貧乏で大晦日なのに餅もつけない。いっそ夜逃げしようと逃げるための草鞋《わらじ》を作っていたら、納屋の隅で変な小男が草鞋を編んでいた。「おれも一緒に行くので草鞋を作っている」とのこと。どこへ行っても貧乏神が付いてくるなら同じことだと、夜逃げはやめて必死で働いた。

ある男は働くのが大嫌いで、貧乏神を信仰して寝てばかりいた。死んで地獄へ行ったところが、貧乏神が地獄の鬼だった。火柱も鉛の熱湯も手加減してもらって極楽気分。呆《あき》れた閻魔《えんま》様に叩き出され、娑《しゃ》婆《ば》へ戻ってきた。

みんな痩せて汚くて頼りなくて、どこか憎めない。貧乏神は向こうから来るのではなく、人に嫌われて気の毒だから置いてやっているのだ。そう居直るのが庶民のプライドだ。貧乏神はやさしくされると太り、徐々に福の神に似てくる。貧乏神さえ友達にしてしまうたくましさと大らかさが、なんとも嬉《うれ》しい。

洞穴さま

河原を歩いていたら崖に穴があいていた。枯草の間に緑の芽がぽつぽつ出始め、イヌノフグリの小さな花が穴の緑をおおうように咲いている。早春の陽がやわらかくさす河原で、穴のところだけぼうっと薄暗い。

「洞穴さま」という穴を思い出した。便利な穴で、お願いするとお膳やお椀《わん》を貸してくれる。「洞穴さま、洞穴さま、明日は婚礼でお客がたくさん集まるんだが、お膳が二十人分足りない。どうぞ貸してください」と夕方に頼んでおくと、次の朝には漆塗りの立派なお膳が出ている。人はそれを持って行って使い、用が済んだらきれいに洗って穴の前に返しておく。人寄せするときは誰でもそんなふうにして借りて使っていた。

鶯沢（宮城県栗原市）で聞いた話だが、この種の重宝な穴は日本中にけっこうあったらしい。冠婚葬祭の全部を家でやっていたころだから、とにかく便利だった。そしてたいていの話では、欲深な男が借りたものを盗んで返さなかったところ、誰が頼んでも出てこなくなったという。

鶯沢の話では、この後、男に子どもが生まれるのだ。何歳になっても歩けず口もけない子どもだったが、ある年の稲刈りが終わったころ、突然米俵を持って洞穴へ走り出す。穴の中から「お膳とお椀の代金もらったぞぅ」と声が聞こえ、男は病気になって死んだ。何度聞いても不思議な話だ。この穴はどこへ続いているのか、貸してくれるのは誰なのか、なぜお金でも食べ物でもなく食器なのか。

人の暮らしのごく近くに、人知では測れない大きな世界があったらしい。日常の食器ではなく特別な行事で寄り合うときのお膳お椀だ。いわば人と人、人と神を同じ場所に結ぶもの。一緒に働き一緒に祝い一緒に食べる。暗い穴の前にひざまずいて手を合わせている人々を想像すると、しんと敬虔《けいけん》な気持ちになる。

別の世界から貸していただいている、という謙虚さを忘れたとき、とんでもないしっぺ返しが来ると教えているのだろうか。河原の穴を覗《のぞ》き込んだが、暗くて深くて何も見えなかった。

ショウブとヨモギ

子どものころ、春の嬉しさは草餅と結びついていた。寒い冬が終わって日差しが暖かくなると、子どもはじっとしていられない。外にはきれいなヨモギが萌《も》えだしている。女の子が集まるとヨモギを摘んで遊んだ。体中で春を感じたかったのだ。そのヨモギで母が草餅を作ってくれた。雛祭りのひしもちの緑もヨモギ。雛祭りから子どもの日まで、草餅は晴れがましさ伴って何度も登場した。

この季節、草餅は必ず食べるものと決まっていたようなところがある。草餅、正確にはヨモギが不思議な力を持っていて、災いを寄せ付けない。春は外に出る機会が増えて危険も多いからヨモギで難を逃れよう、という昔からの申し送りみたいなもの

だった。

ショウブにも同様な力があり、五月五日は草餅を食べてショウブとヨモギの風呂に入る。その理由付けのような民話も多い。たとえば娘のところに毎晩男が忍んでくる話。母親が不思議に思って、娘に、男が帰るとき着物の裾に糸の付いた針を刺しておくように言う。娘は言われたとおりにし、母親は糸を頼りに男をつけていく。ウロのあるケヤキの大木で糸が途切れ、中から話し声が聞こえた。

「だから人間のところへなど行くなと言ったのだ。鉄の毒が体に回って死ぬぞ」「おれが死んでも娘を身籠《みご》もらせて子孫を残してきたからいい」「しかしショウブとヨモギの裾湯をつかわれたら、子種などすぐ下りてしまう」

驚いた母親は飛んで帰り、娘にショウブとヨモギを浮かべた裾湯をつかわせた。小さな蛇の子がぞろぞろ下りてきて、娘は助かった。

似た話は宮城県内にたくさんあり、蛇のすみかはケヤキの大木であることが多い。ケヤキは神の木でもある。神の面影を留《とど》めた蛇は神秘的でまた不気味だ。人に退治されるまでに零落した神が哀れでもあるが、何にしてもショウブとヨモギの力はすごい。

魔よけと季節の味わいと。草餅を作るほどたくさんは摘めないが、少し取って天ぷらにでもしてみようと思う。

花と花咲爺

子どものころ、花咲爺《はなさきじい》の昔話が納得できなかった。畑で犬が鳴いて正直じいさんが掘ったところ、大判小判がざくざく出てきたという、あの有名な話である。子どもだったから大判小判なるものを見たことはなかったし、金銭感覚も発達していなかった（今でもそうだ）が、大きな富を授かったことは分かった。

その後おじいさんは殺された犬の墓に松を植え、臼を作って搗《つ》く。臼の中から大判小判が湧き上がり、狭い家いっぱいに飛び散って埋めつくす。キャラメルだったら何個買えるだろう…と、うっとりした。土の下から小判が出るのと、頭から降りかかるのでは、後者の方が迫力がある。だが最後が灰だ。欲張りじいさんに臼を燃やされた正直じいさんは、その灰を枯れ木に撒《ま》いて花を咲かせ、殿さまからご褒美をもらうのだ。

肩すかしを食わされた気分だった。いくら偉くたって殿さまは人。人が人にご褒美をくれたって、そう面白いとは思えない。話は小さく始まってだんだん大きくなるから面白いのに、この話は最後でずっこける。

などと真面目に考え、そのうち忘れてしまった。大人になってから似た話をあちこちで聞いた。同時に「予祝」という言葉も。例えばお正月田植え。雪の上に松葉などを挿して田植えの真似事《まね》をし、本物の田植えもうまくいきますようにと神様に前もってお願いする強い祈願である。「ちちんぷいぷい　こがねさらさら　ぷう」とお呪い《まじな》を唱えて灰を撒くと一面の枯れ木に花が咲く。神様が受け入れた印である。

花咲爺の話に花の名前は出ていないが、きっと桜だ。桜は実りの象徴である。臼から小判が出て個人が得するどころではない、見晴るかすかぎり桜、桜、桜…。領土全部が大豊作だ。なるほど昔話はこうでなくてはならない。

野も山も桜の季節だ。仙台市青葉区愛子にある安養寺の桜が咲くと、付近の農家は農作業の準備にかかったとか。種蒔《ま》き桜と呼ばれる桜は各地にある。暦よりも桜の開花が標準になった。暮らしと一体だったからこそ桜は美しいし、花咲爺の昔話は長く愛されてきたに間違いない。

ホトトギスの兄弟

山を歩いていたとき、ふいに鳥の鳴き声を聞いた。鳴き始めたと思ったら甲高い声で息もつかずに鳴き続ける。ホトトギスである。

ポッと避けた　ポッと裂けた

と鳴いているのだそうだ。地域によっては

弟《おとと》の喉《のど》　突っ切っちょ　弟の喉　突っ切っちょ

と鳴くこともあるとか。

季節の風物詩ともいえるホトトギスだが、少し昔の人も、ホトトギスはなぜこんなに必死に鳴くのだろうと、不思議に思ったに違いない。ホトトギスの兄弟をめぐる昔話は各地にある。目の見えない兄鳥を、弟鳥がえさを運んで養っている話だ。

山芋だったり毛虫だったり、えさは話し手によって違うが、弟鳥は兄にいいところを食べさせて自分は端や皮ばかり食べている。だが目の見えない兄には分からない。弟はもっといいものを食べているのだろうと、ある日口論の末にくちばしで突いて殺してしまう。

弟の血が兄にかかって目が開いた。やせこけて、小さくしなびた弟。胃袋にろくなものは入っていない。真実を知った兄は驚き「ポッと裂けた、ポッと裂けた」と悲鳴のように鳴きながら空に舞い上がった。

八千八声鳴かないうちはえさを食べないとか。殺された弟は哀れだが、殺した兄も哀れだ。食べ物のために、最も大事なものを信じられなかった悲しみ。その悲しみの深さが八千八声だ。これだけ鳴こうとすると一回二十秒としても四十九時間。まる二日以上飲まず食わずで鳴いた後、ようやくよろよろとえさを探しに行く。

「食べる」ことはそれだけ悲しく、すさまじい。仙台市宮城野区福田町では、兄弟ではなく母鳥が、えさを運んでいる当の相手であるひな鳥たちに同様の理由で殺される話を聞いた。

すべての人が自由におなかいっぱい食べられるようになったのは、そう古いことではない。食べることの意味をあらためて思う。

七夕

子どものころ、きれいな包み紙は捨てずに取っておくものだった。飴《あめ》が包まれていた小さな紙まで、ていねいに皺《しわ》を伸ばして箱に入れておく。七夕になると、その紙を全部出して七夕飾りを作った。一年間に貯めた紙のお披露目のようなもので、たくさん貯めるほど鼻が高かった。だから私は、七夕というのは紙のお祭りなのだとずっと思っていた。

今も何となくそう思う。紙の祭りに付け加えるなら水と火の祭り。織姫と彦星の年に一度の逢瀬の日なのだそうだが、民話を聞きに歩いていて、織姫彦星にまつわる物語に出合うことはほとんどなかった。

「女の子だけで七夕飾って、家から米とか野菜とか持ってきて、自分たちだけでご飯を作ったの。次の日は川へ七夕の竹を流しに行って水浴びしたんだったたよ」というような話は、ときどき聞いた。何日も前からわいわい集まって七夕飾りを作り、当日は持ち寄った材料で夕食を作って食べる。男女別々に集まる例や、女の子だけの例もあった。作ったご馳走《ちそう》を別のグループが盗んで歩いた地域もあり、このときのケンカもいい思い出だとか。どの場合も翌日にはきっと水浴びをした。

七夕の日に水浴びをする、井戸替えをする、髪を洗う、芋の葉に溜《た》まった露でお習字をする、水に映った影で占いをする…。紙と水が結びつく七夕の形は、ほんの少し前までどこにでも見られた。織姫彦星の星祭りの星だって、水の象徴かもしれない。

それから火。仙台の七夕飾りのひとつに「七夕線香」というのがあった。紙で作った輪に線香を立てて火をつけるのだ。紙と火では危険だ、というので今はほとんど見られなくなったが、七夕に火は大事な要素だった。

宮城県角田市金津の七夕は、盆提灯《ちょうちん》のような提灯をたくさん下げる。正反対に思える水と火だが、見かけほど違っているわけではなさそうだ。子どもだけの食事作りも、ひとつの火をみんなで使うことに意味があったかもしれない。紙と水と火の祭り。薄闇にぼうっと浮く火は、きれいでやさしくて、ほんの少し寂しい。

第2章　東北の昔ばなし

イラスト・田中　望

1　たくましい生き物たち

たぬき囃子

Ⅰ

むがぁし、まずあったと。

山奥ぅの山奥ぅのお寺にな、夜になると何やら変な音がするってゆうんで、前の和尚さまはいたたまれなくなって出ていってしまったんだと。次に来た和尚さま、たいそう陽気な和尚さまで、

「ああ、変な音だろが何だろが、なにも音しねぇよりは、した方がよかんべ」なんて、本堂で夜のおつとめ済ませて、そのまんまそこに座って、音するの待っていたんだと。

真夜中過ぎたころ、裏山の方から、

ぽーん、て聞こえてきた。

「あ、なんだか聞こえてきたな」なんて思ってると、今度こっちのほうから、

ぽこぽこ、って聞こえて来たと。

あっちのほうから、また、ぽーん
こっちのほうから、ぽーん
そっちのほうからも、ぽこぽこ　ぽこ
ぽこ

だんだん音がずねぇぐなって、お寺さ近付いてきたんだと。

和尚さん喜んで、ぽーんと聞こえると、鉦《かね》チーンて鳴らしたんだと。ぽこぽこって音すると、木魚ポクポクポクッとたたいたんだと。

ぽーん　チーン
ぽこぽこ　ポクポク
ぽーん　チーン
ぽこぽこ　ポクポク

だんだんその音、お寺の庭に集まって、勢いついてきてなぁ。和尚さん、いったい何の音だべと思って、鉦叩《たた》くのやめて、覗《のぞ》いてみたと。そしたら合いの手が入んねく

なったからだかなんだか、庭にいたものがワラワラッと山の方さ逃げていってしまった。ほうで和尚さま、次の日はな、初めからすこぅし戸ぉ開けて待っていたんだと。

Ⅱ

賑《にぎ》やかなことの好きな和尚さま、また音がしねえかと、少ーし戸ぉ開けて待っていたと。夜中過ぎると、やっぱり聞こえてきた。だんだんだんだん集まってきて

ぽーん　ぽこぽこ、ぽーん　ぽこぽこ

よく見ると、たぬきであったと。たぬきがいっぱい集まって、腹を叩いてんだと。和尚さま、「合いの手入れるべ」と思ったんだけっど、鉦だの木魚だのたたいたんでは、覗きにいくときやめねばならねぇ。やめるとまた逃げていってしまいそうだから、今日はひとつ、おらの腹で合いの手入れてみるべと思って、庭のほうからぽーんと音がするとべちゃ、ぽこぽこっと音がすると、ぴたぴた、って腹たたいたんだと。

ぽーん　べちゃ

ぽこぽこ　ぴたぴた

ぽーん　べちゃ

ぽこぽこ　ぴたぴた

タヌキもすっかり喜んで、みんなで賑やかにやっていたと。ところがだんだん、和尚さま、腹ぁ痛くなってきてな。たぬきの腹も真っ赤になって、腹ぁさすりはじめたんで、和尚さま、

「いやぁ、楽しいけんど、これ毎晩やっていたんでは　腹ぁ張っ裂《つぁ》けてしまう。お月様のまぁるくなった晩だけにするべなぁ」ってゆったけが、たぬきもわかったんだか、そのまんま山さ戻ってしまった。次の日も次の日も、なんの音もしねかったと。

お月様がまぁるくなった晩、また山のほうから「ぽーん」と音がして、だんだんお寺の庭さ集まってきた。ほぉで和尚さまも庭さ出てな、たぬきに合わせて腹ばたたいたんだと。それからというもの、お月様がまぁるくなる晩は、そのお寺では、

ぽーん　べちゃ、ぽこぽこ　ぴたぴた、と音が聞こえてくるんだと。

（福島県三春町・藤田浩子さんの語り）

カラスのお経

むがしっからカラスほど性《しょう》の悪《わり》い鳥はねえ。「権兵衛《ごんべ》が種蒔《ま》きゃカラスがほじくる」って言うが、百姓が種蒔くと片っ端からほじくるし、柿なんか実って色付いて、そろそろ取るにいいがど思っててっと、カラスのやづ先取りして、食い散らがしてんのよなぁ。

百姓だぢ困ってしまって、お釈迦《しゃか》様のどこさ相談に行ったんだど。

お釈迦様、百姓だぢの話聞いで、なるほどもっともだとわがったげっと、両方の言い分聞かねげねえ。カラスどこも呼ばったど。

「我《わ》がは何もしねえで、人さまがせっかく蒔いた種、ほじくるつうごと、あっか。おかげで百姓だぢ、さっぱり物実《ものみ》取れねえ。お前《め》らほど迷惑がらっちぇんの、ほかにねえんだぞ」。したらカラスども、しょんぼり下向いて聞いったんだが、

「お釈迦様、おらだぢだって食わなぎゃ生きてらんねんでがす」って言うんだと。なるほどカラスだって、死んでられねぇがらなあ。お釈迦様、しばらぐ考えて、

「んではな、お前だぢはお寺さんさ上がったものは、食っていいごとにすっから」って許したんだど。お寺さんさ上がったもの、つうのは、お墓さ供えらったもの、つう

ごったね。

「ただ食ってわがんね。亡ぐなった人の冥福ばお祈りして、お経あげてがら食うのだぞ」

さあ、それがらカラスども、だれが死ぬ人いねえべがって、鼻ひくひくさせでそごいら中嗅《か》ぎ回るようんなった。そのうぢだんだん鼻効ぎんなって、今では「ここの人まもなぐ死ぬ」ってごどまで嗅ぎつけるんだど。

そんで、そごらあだりさカラス集まって、カアカアカアカアお経あげで、お供え物待ってるようになったんだねえ。

カラスが集《あづ》まって鳴いてっと、今でも「カラス鳴ぎ悪い」って言うべ。

（福島県新地町・荒保春さんの語り）

きづねむがし

I

むがーしむがし、あったけど。

むがし、炭焼ぎして暮らし立てでるじさまとばさま、えだけど。じさま、ばさまがら大《おっ》きい握《にんぎ》り飯《まま》こしぇでもらって、山さ行って、テコーンテコーンど木ぃ伐《き》って、炭窯さ詰めで、火ぃつけで炭にすんなだけど。

あっとぎ天気良えだもんだぁげ、外さ筵《むしろ》出して握り飯食っていたれば、狐《きつね》コ来て、ちょこんと座ったけど。

「おお、狐、おめも飯食いでが」て、半分割って、狐さ預けだど。

狐ぁ喜んでそれ食って、次の日から、昼どぎなっと毎日来るようになったけど。じさま、そのたんび分げでやってだども、木ッ伐《き》りじゅもの力仕事だもんだぁげ、半分くれっど、こ晩方なっと腹減って来っけじょおは。

「握り飯、ほんげ大きぐんねぇたで良《え》えさげ、二っつ握ってけんねがや」

じさまゆったでば、ばさま、

「ほう、じさま、食《しょく》えぐなったごどなあ」て二っつこしぇでけったけど。ほして一つば狐コさくっで、一緒に昼飯食ってたけど。

　あっとぎ、晩方近くなって、にわか雨来そうになったけど。

「雨来ねぇうづ、早ぐ家《え》さ行がねんね」どんて、大急ぎで支度して出だしたけど。ほんでも真っ暗ぐなって、足元見えねぐなって来たけど。途中に一カ所、足踏みはずせば谷底さ落ぢでぐ、とってもおっかねどごあっけど。ほごさ来たでば、ピカッと足元照らしてくったものえだけど。狐コぁ狐火で、足元ずーっと照らしてくったなだけど。

　じさま喜んで、無事に家さ着いだけど。ばさまさ教えだれば、

「狐じゅもの、油《あぶら》揚げ好きだて言うお。あした油揚げ飯炊いで重箱さ詰めでやっさげ、持っていって食《か》へろ」って、油揚げ飯炊いでくったど。

Ⅱ

炭焼きのじさま、ばさまに握り飯二っつこへでもらって、毎日昼んなっと狐コど一緒に食っていだけど。ほげしてるうづ、ばさま、ちょこっとした風邪がもどで、あの世さ行ってしまったけどは。

じさま、すっかりがおって、仕事手ぇつかねぇけど。ほんで働がねもんだぁげ、米も味噌《みそ》も無《ね》ぐなって来たじょうは。

なんじぇもしょうねくて山さ行ったど。何とがかんとが一日過ごして家さ帰《けえ》って来たれば、誰もいねはずだな、明かりついったじょお。入ってみだでば、囲炉裏さ、んめぇそだ鍋かがってるす、死んだばさまどそっくりな婆さま、えだけど。じさまぁ動《ど》転《で》して、

「ばさま、おめ、死んだな、んねぇなが」

ほしたでば、ばさま、

「死んだどもな、閻魔《えんま》様がら『じさま、がおってっさげ、もう一回戻れ』ってゆわって、戻ってきたどごよ」てゆっけど。じさま、喜んで喜んで、今度ほれ、仕事出来るよえ、なったけど。

あっとぎ近所のばさま、ぼだ餅ついだもんだぁげ食しぇっぺどんて、たがて来たけど。ほしたでば、じさま、コノコノコノコノて、一人で喋《しゃべ》ってだけど。「あやぁ、このじさま。ばさまえ死なって、頭さ来たなだ」て、声掛げねで、入口さぼだ餅置いで、帰って来たけど。村の人達《したづ》ぁ、「あのじさま、ばさまえ死なって、頭おがすぐなったなだど」て、ゆうようになったけど。

ほして冬来て、雪積もるよえなったでば、じさまの家の回りさ狐コの足跡えっぺつぐよえ、なったけど。

狐コぁ握り飯もらった恩忘んねで、ばさまの代わりなって、じさまどご慰めったなけど。

どんべからんこ、ねっけど。

（山形県真室川町・柴田敏子さんの語り）

わらびの恩

ほれ、むがし、あったちゅうぞぅ。

まむしのやろう、春っ先ぃ、あぁ気持ち良いなぁなんて、茅野原《かやのっぱら》で、長ぁくなって昼寝してたんだどぅ。

したらそのまむしの、喉もとの下くれぇん所《どっ》からな、茅《ちがや》の、かたい棘《とげ》みてぇな芽が出てきただど。そうして、まむしの首ったま、ちゃかっと刺したつうだ。

「あいっ、あ、いでいでいでっ」つぅうぢ、ずずずずーって、首ったま串刺しにしちまったど。

「あぁ、いでぇ、あぁ、いでぇ」って、まむし泣いただど。したが、だぁれもいねぇべぇ。

「いでぇ、いでぇ」って泣いでだっけが、下のほうがら、

「待っちぇらっしぇ、今すぐ助けでけっかんなぁ」って声したんだど。

「だんじゃどぅ、おめはぁ」

「おれ、わらびだぁ」どってなぁ。茅のそばから頭ぐっともっちゃげっと、むっくむっくむっくむっくと伸びてくっちゃんだど。そうしてずっくずっく育《おが》ってきて、茅が通しておいた、まむしの首ったま、つーっと引っこ抜いてくっちゃんだど。まむしはうんと喜んでなぁ、

「いやぁ、わらびどの、わらびどの、おらぁ、しなた（そなた）から受けた恩は決して忘んにぇぞぅ。何代かけたって忘んにぇように、ゆっておくからなぁ」ってゆったたど。

しだからな、茅野原さわらび取りさ行った時には、
はらまむし、わらびの恩を忘れたか、
あびらうんけんそわか、あびらうんけんそわか、あびらうんけんそわか、って三べん唱えっつと、まむしは、しょしょしょしょしょーって行ってしまうんだど。

（福島県三島町・五十嵐七重さんの語り）

狐に報復されたじさま

むがーしむがし、秋保村のじさまが、おもちゃのらっぱと紙の刀買って、孫の誕生祝いに川崎村さ行ったんだど。

娘が川崎さ嫁いったんだな。近道して山道登って行ったれば、広ーい原っぱがあった。疲れたから一服していたれば、木の根っこのどごに、狐《きづね》が丸まって昼寝してんだど。じさま黙ってればいいのに、わざわざおもちゃのラッパ出して、狐さ「プ、プー」とやったんだど。狐、ギャーって目覚まして、目の前さ人間いだもんだがら、ぶっとんで逃げでいったど。

じさま、おがしくておがしくて、笑いながら娘のどごさ行ったど。して御馳走《ごっつおう》になって、酒ッコ呑《の》ませられで、いい機嫌で帰ってきた。お土産もらって、おんなじ山道来たっけが、なんだが薄暗くなってきたど。

「あや、おがしなぁ」と思いながら歩いったんだが、ますます暗ぐなる。昼間休んだどごさ着いだころには、真っ暗ぐなってしまった。

そのうぢ後ろの方がら「えっさえっさ」って掛け声してきたんだど。見たれば棺桶《かんおけ》担いだ人が二人、こっちさ近付いてくる。何となく気持ぢ悪くて、じさま、近ぐの木さ登ったんだど。ところがその二人、木の下でびだっと止まって、土、掘りはじめだ。して、そごさ棺桶埋めで、どごさが行ってしまったど。

じさま、もっと気持ぢ悪くて、そろっそろっと下りて来たれば、その棺桶ぐぐぐぐーっとあいだんだど。して白装束の死人が細こい手フラフラッと伸ばして、木ぃ登りはじめだ。足つかまれそうになって、じさま、木の上の方さ逃げだど。なんぼ登ってっても、その死人も追っかげでくる。

あんまり上の方まで登ったもんだがら、枝ッコばぢんと折れで、下さ落ってしまった。はっと思ってあだり見だら、なぁに、まだおてんとさん、ぽかぽかってんだど。

いたずらした狐に、仕返しされだんだど。

（仙台市太白区・菅井清子さんの語り）

ムカデと赤マムシの戦い

I

むがーし、坂元の松茸山《まつたけやま》さ、大ムカデが住んでだったと。一族郎党ひきいて、あだりに勢力ふるってだそうだ。

ところが五百年、六百年と経《た》ったれば、大ムカデ、でっほ大《おっ》きぐなって身の丈一丈あまり。身内のムカデも増えで、松茸山せばっこぐなったんだど。

そんで大ムカデ、隣の福田村の北原山《きたはら》が欲しぐなったつんだな。北原山は赤マムシだぢが住んでだんで、

「おーう、マムシどもー。ここは俺さ譲って、おめらはどっかさ移っていげー」って北原山さ向がって叫んだんだど。したら赤マムシ、ごっしゃいで、

「何ほざぐー。俺だつぁ何百年も住んでんだぞぉ。出でげつうごど、あっかー」って、つっぱねだんだわ。

「立ちのがねんなら、おめら皆殺しだー」って大ムカデ、また叫んだど。

赤マムシの大将、仲間集めで相談したど。あの大ムカデだもの、力まがせに踏んごまれだら、かないっこねえ。なんぼ頭寄せ合っても良い考え浮かばねえがら、赤マム

シの大将、

「身内のみんなのごど犠牲にでぎねぇ。大将同士で決着つけっぺ」って手紙書いで、松茸山さ届けでやったんだど。

大ムカデも承知して、土用の丑《うし》の日、日の出と同時に一の沢で、って、果たし合いの日取り決めだったんだな。

ただ戦ったんでは負げでしまう。赤マムシの大将、考えで、前の晩にネズミのどごさ行ったど。

「なあ、ネズミどの。明日の朝、松茸山の大ムカデと果たし合いすっこどんなったんだ。今晩ムカデの家さ行って、ワラジ一足、盗んできてもらわんねべが」って頼んだっけが、ネズミ、

「何ぬがす。おめぇら、おれの子っこ片っぱしがら食って、どの面下げで来たもんだ。帰れ帰

れ」って相手にもしねぇ。

Ⅱ

松茸山の大ムカデ、体大きぐなって仲間も増えできたがら、赤マムシの北原山が欲しぐなったんだど。そんで大ムカデと赤マムシ、大将同士で一騎打ちすっこどになった。ムカデは大きくて強いがら、ただでは敵《かな》わねえ。赤マムシの大将、ネズミに断られて、イタチの家《うぢ》さ行って頼んだんだど。

「イタチどのイタチどの、ムカデのワラジ、なんとが一足、盗んできてもらわんねが」って、地べたさ頭おっつげて、お願ぇしたら、イタチ、つんと上向いで、

「なに語《かだ》る。おめらマムシは、雨降っても雪降っても、穴さ入ってぬぐぬぐしてる。ちょっと穴借りっぺど思えば、やれ銭出せの、やれ自分で穴掘れのって、入れでなのもらったごどねえ。おかげでおれだぢの身内、狐《きつね》や狼には食われっぺし、トンビやタカにはさらわれっぺし、次々死んでしまった。おめらのゆうごどなの、聞いてらんにぇ」ってゆうんだど。

「いやぁ、そいづは悪がった。穴はいつでも使ってくないん。困ったどぎは助けさ行ぐ。今までのごど、水に流してけろ」って、何べんも何べんも謝ったんだど。したらばイ

タチも考え直して、

「んだらば、やってみっか」つうごどになったんだな。

さあ、こっちは大ムカデ。一族集まって、

「ほら、藁《わら》すぐれ。ほら、藁ぶて、縄もじれ」って、夜っぴてかかってワラジ仕上げだっけど。

ムカデは百本足あっから、ワラジも百足作んなげねえ。この年は不作で、藁もあんまりねぇがらっしゃ、百足のワラジ作んの大変だったんだな。そして明日の朝履ぐにいいようにって、五十ずづ並べで、前祝いの酒盛り始まったど。

イタチは隠れで待ってでだんだね。みんな酔いつぶれだ頃合いみで、ワラジ一足盗んで、マムシのどごさ持っていったど。

Ⅲ

大ムカデに北原山をよごせ、つわれた赤マムシ、ごっしゃいで、大将同士で一騎打ちすっことんなった。ムカデは負けるはずねえどって、早々と前祝いの酒盛りやってたんだど。赤マムシの大将、イタチに頼んで、ムカデのワラジ、一足盗んできてもらった。そうして息子ば呼ばって、

「足尾さまさ行って、このワラジ奉納して、よくよぐ拝んで来い」って言いつけたんだど。足尾さま、って鉱山の神様さまな。

いよいよ決闘の朝んなった。大ムカデは夕べの酒ききすぎて、フラフラしてんのよ。百本の足にワラジ履かせんの、大勢で手間取って、それがら一足たんねぇ騒ぎんなった。んでも藁もねげれば時間もねえ。とうとう最後の足は、はだしで出はったんだど。

さあ、決闘場所の一の沢では、ムカデもマムシも、ありったけの子分が見守ってる。大ムカデ、百本の手に武器持って、百本の足で動き回って、赤マムシばどんどん追い詰めたど。赤マムシ、押されて後ろさじりじり下がってってったど。

んでも、これが作戦だったのさぁ。マムシは下がりながら、カナゴ山までムカデどご引っ張っていった。カナゴ山って、鉄取ってる山な。カナゴ山さ入ったどごで、赤マムシ、こんど死ぬ気んなってかがっていったど。ムカデ、うんと踏ん張ったっけど、最後の足はワラジ履いでねえ。動いでるうぢ、その足がらカナゴの毒入って、痺《しび》れできた。自分が強いがらって、人さまの土地取り上げげっぺなんて、とんでもねえ。動き鈍ったどごで、赤マムシ、最後の足さガブッと噛《か》みついたど。

カナゴの毒とマムシの毒で、大ムカデ、戦うどごの騒ぎでねえ。三日三晩苦しんで、とうどう一の沢で命果てだんだど。

そんで赤マムシの一族、どごさも移んねぇで、今でも北原山に住み着いてんのっしゃ。

おしまい。

（福島県新地町・荒保春さんの語り）

高屋敷館の狐

Ⅰ

むがぁしむがし。

高屋敷館《たかやしきだて》にお城があったころの話な。高屋敷館の下に狐《きつね》が住み着いて、いたずらばぁりしったたづぉん。あだりの人だぢ困ってだったけども、狐の方りこうで、どうにもしょうねえづぉん。

この近所に大した身上《しんしょ》持ぢ住んでて、若ぇ手間取りもいっぺぇいだんだど。手間取りだぢ、そのうぢこの狐ば退治してやっぺって語り合ってだづぉん。

あるぽかぽかつうお天気のいい日、お昼前に豆畑の手入れ終わったんだと。

「今日ごそは狐の巣穴ば掘ってみねえが」って話になったたづぉんな。そんでみんなして狐の巣穴どごさ行って掘ったたづぉん。だいぶ掘ったたっけが、魚売りが天秤《てんびん》棒担いで穴から出て来たづぉん。

「いやぁ、助かりした。おれは町さ魚売りに行くとこだったんだげんと、狐に穴さ引っ張り込まって、魚ばさっぱど食われてしまった。出らんねくて困ってだどごだった」ってゆうんだと。

「狐、やっぱり中さいんのが」って聞いたっけが、

「いるいる、大《お》っきいのが奥さいる」

そんで手間取りだぢ、また掘っていったれば、今度は箱しょった女の人出てきたづぉん。

「町さお菓子売りに行くべと思ったのに、みな狐に食わってしまった」ってゆうんだづぉん。して、

「奥の方さ、いっぺぇ狐いるすと。どうも、おかげさんでがした」

お礼ゆって、行ってしまったと。

手間取りだぢ、頑張って頑張ってうーんと掘っていったれば、穴の奥の方にちゃっこい狐、たった一匹いだっづぉん。

「さっきの人、いっぺいるってゆったのに、おめしかいねぇのが。ほかの狐どごさ行った」

手間取りだぢ、聞いたづぉん。

Ⅱ

若ぇ手間取りだぢ、狐退治すっぺと思って巣穴を掘ったっけが、子狐が一匹いたづぉ

ん。ほかの狐どごさ行った、って聞いたれば、

「父ちゃんと母ちゃん、人に化けて出ていってしまった。おれはまだ化けらんねがら、一人だけ残ったんだ」ってゆうんだと。

　手間取りだぢ、さてはさっきの、って気ぃ付いたげんと、もう出ていってしまったもの仕方ねえ。ちゃっこい狐が、

「ごめんなしてください、ごめんなしてください」ってブルブル震えでっから、なおさらおもしぇぐねえ。

「狐のくせに化け方も知しゃねのが。んでは、おめ、何でぎんのや」

　一人が馬鹿にしてゆったれば、

「おれは大水の出し方なら知ってる。出して見せっから」

　別な一人が笑ったとたん、空が急に曇って、

雨がザアーッと降ってきたづぉん。手間取りだぢ、びっくりして、「わがった、わがった。もういいがら」ってゆったんだげんと、雨はますます強くなって、川の水まで増えてくるづぉん。そのうち川が溢《あふ》れて、その水が穴の方さどんどん流れてきた。手間取りだぢ、「大変だ、高屋敷さ上がれ」って、われ先に高屋敷の崖登りはだったづぉん。

真っ暗になった空に雷は鳴るべし、稲光はビガビガ光るべし、まづ生きた空ねぇづぉん。笹っ葉《ぱ》つかんで登るべとしたって、笹の根っこ、すぐ抜けてくるんだと。大水が足元まで来てっから、次々別な笹っ葉つかんで、必死なって登ったづぉん。

ようやとてっぺんまで登ったっけが、お天道様《てんとう》ほかほか照ってるんだど。見下ろしたれば、昼前に手入れした豆畑、自分だぢですっかり踏み荒らしていだったたっけど。大水だと思ったのは耕した畑で、笹っ葉だど思ったの、豆の茎だったんだと。

どんとはれ。

（岩手県花巻地方の昔話）

2　人知を超えた出来事

赤面地蔵さま

Ⅰ

昔、とゆってもそんなに昔ではねえんだが、村にホイトさんが来たそうだ。たいそうワラシ好きなホイトさんで、ワラシどもが遊んでっと、そこさしゃっかがんで、にこたらにこたら見てるそうだ。

そうで友達になっていたんだが、ある時のこと、地蔵様の前さ行って、藁《わら》ぁ丸めたがんで、までぇに洗ってっから、

「何してがんだ」って聞いたれば、

「地蔵様とゆうのは、いつでもさっぱとしておがんなんね」とゆって語ったのが、三陸津波の時の赤面《あかつら》地蔵様の話であったと。

そのホイトが若いころ、海っぱたに赤面地蔵様というのがあって、その地蔵様の面ぁ赤くなって泣いたれば、村がなくなっからと、そういう言い伝えがあったんなそうだ。

ところがそれ、いつになったってその地蔵様、涼しい顔してるがんなんだと。

　そぉおでその若い者が、「年寄《としょ》りが、何だかわかんねことゆったって、なぁに赤面なもんだ」って悪口して、そのあたりの浜の砂は真っ白でネバなんぞなかったんなそうだが、ふた村ばっかり山奥に赤のネバ土があったもんで、それを取ってきて、ねばして悪戯《いたずら》したんなそうだ。

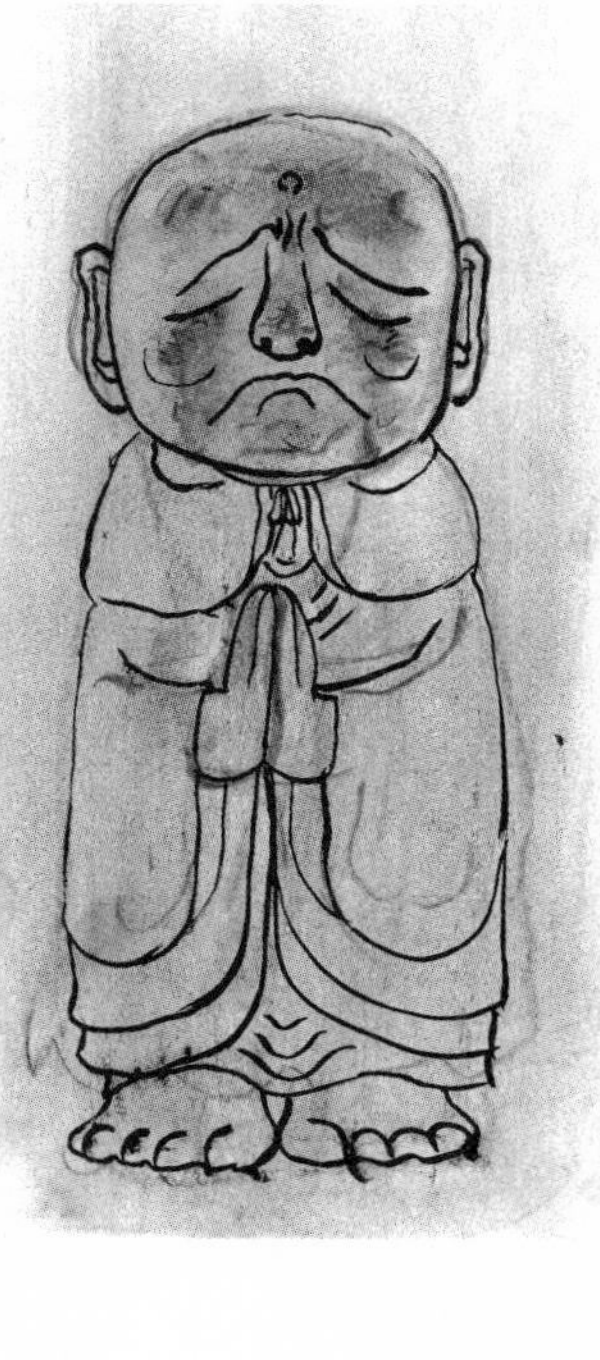

　したれば、それ見てた村の年寄りが怒って、「地蔵様の面赤くなったれば、何か事が起きて、ひと村なくなっとゆうに、とんでもねえ」って、年寄りたちみんなで海の水汲《く》んできて、洗ったんなそうだ。そうで申し訳ねえとゆって、団子こしゃって上げて、ぼた餅もこしゃって上げて、よっぱら拝ん

でたと。

ところが若い者、

「なんのことねえ。地蔵様の面赤くしたって、何も起きねえんでねえか」って陰の方で語ってたんだと。

Ⅱ

三陸のある村に赤面地蔵様とゆう地蔵様があって、その面が赤くなって泣いたようになっと、村がなくなってしまうという、そうゆう言い伝えがあったんなそうだ。若い者が悪戯して赤いネバ土を塗ったれば、年寄りが怒って、地蔵様を洗って、お詫《わ》びしたんだと。

ところがまっと悪い者があって、ある月夜の晩げ、赤い木の実、よっつづみの木の実、それ取ってきて、夜のうちに真っ赤に塗ったんなそうだ。朝げになって、それ見っけた年寄りが洗ったんだが、落ちなかったんだと。

「いやぁまあ、この村は終わりだ」って語って、荷物まとめて逃げる支度した者もあったんだが、若い者が、

「おらが、よっつづみの実で塗ったんだ」ってゆったもんだから、

「なんだ、とんでもねえ悪さしたもんだ」とみんな笑って、一旦は村から出るつもりで荷物しょったんだが、戻ったんだと。

したればその日の夜になって、水がのんのんのんのん引けて、ほぉで気が付いたときには、でかぁい津波になって、逃げても逃げても追っかけられて、とうとうひと村流されてしまったんだと。

その、よっつづみの実を塗った者だけが逃げたんなそうだ。それがホイトになって、村さも戻らんに、あっちの村から向こうの村へ、向こうの山からこっちさ渡って、ほうで信夫《しのぶ》の里まで来たと、そうゆったと。

したから、赤面の泣きべそ地蔵様、おらが色塗ってひと村流してしまったから、親も子も身内もみんな流されて、その罰でこうやってホイトせねばなんね。地蔵様には悪さしてはなんね、とゆって、地蔵様見るたんび、泣き泣き洗っていたと。

（福島市・遠藤登志子さんの語り）

足跡を隠した雪

むがしなぁ、秋がたの寒い節《せづ》だったど。一人の坊さんが、

「今夜一晩、泊めでくれっとご、ねえがなあ」って、あっちこっち歩ってったど。

そしたら一軒の家《いい》があったど。

「あぁ、ばあさん。今晩一晩、泊めでくんにぇがなあ」って頼んだれば、

「おらは一人暮らしでなぁ。見での貧乏。なんにも食い物もねぐってなあ。ご馳走《つつおう》もすぃよねえよ」って、ゆったど。

「いやぁいや、ご馳走なの、いらねわ。寝っとごせぇあっと良《い》いだがら、寝しでくろ」

「ああ、そんじゃ入《へえ》って休まんしょ」って家さ入れでな、火ぼんぼん焚《た》いで暖《あった》めでくっちだど。

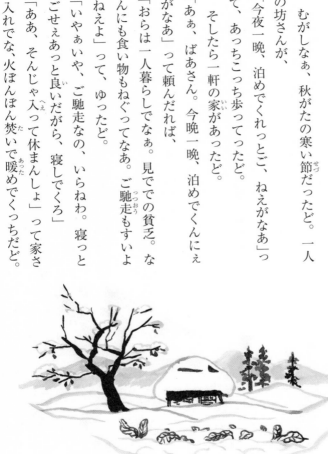

そだげんちょ、ばぁさま、

「なんぼなんたって、こんな寒いどご来らったんだもの。食う物ねえだっても、なんにも出さねぇのも心苦しなぁ」ど思ってな、裏口がらこそこそぅっと出でって、屋敷続きにある親方《おやが》つぁまの畑さ行って、大根《だいごん》一本引っこずってきたど。そうしてそれ洗ってな、囲炉裏さ掛けで、どんどこどんどこ煮て、大根汁作ってくっちゃど。

「いやぁ、ばぁさま。んめぇなぁ。なんだって暖まった暖まった」って坊さまゆってたげんちょ、ばぁさま、うかぁねえ顔してんだど。

「実はおれなぁ、悪《わり》どは思ったげんじょ、親方つぁまの家がら、大根一本盗んで来ったの。畑がらおらいまで足跡ついでなぁ、おれ盗んだつうごど、すぐわがんべぇ」

したら坊さんがな、

「ああ、そうが、そうが。わがったわがった」っってな、朝げ起きてみだら、雪でっつら降らして、足跡ねえように隠してくっちゃつう話だ。

その坊さま、弘法大師さまだったど。

ざっとむがし、さげぇもうした。

（福島県喜多方市・山田登志美さんの語り）

宝手拭い

I

むがしむがし、ずうーとむがし。年越し近ぐなっつと、栗駒山の中腹の万坊平《まんぼうだいら》めざして、全国からお坊さまが集まるんだったの。

ある年越しの寒い晩に、ボロボロの衣装《いしょ》着た坊さまが、立派な家《うぢ》の門口《もんぐち》さ立ったんだと。

「今晩は」って声かけたれば、旦那奥さま出はってきて、

「あら、なんだいや。薄汚《きた》らしねえ。いま年越し前で忙しいのに。あっちゃ行がい行がい」ってゆったがら、裏さ回れつうことだなと思って、その坊さま、裏さ行ったんだと。

「何でもいいがら恵んでけらいん。一草《ひとくさ》ものでもいいがら」ってゆってたら、その旦那奥さま裏の口さ来て、

「なんだべ、あっちゃ行げってゆったのに。あっちさ行がいん。人に見られてもおしょしい」

茶碗《ちゃわん》洗ってた女中、見たれば、今にも倒れそうな坊さまだがら、

「ごごの家、こんなに金持ぢなのに、少しぐれ、けでやればいいっちゃなぁ」と思ったんだと。坊さま、よろらよろらって出はって行ったがら、その女中、自分の分の冷《ひや》ご飯ば持って追っかけたと。

「坊さま坊さま、こいづ、おらの晩飯だげんとも、けっから、あがいん」つったら坊さまびっくりして、

「したら、あんだの食う物ねぐなんでねえが」

「いいがら。おらは菜っ葉の頭だの何だの、なにがしら食うにいいがら」

その坊さま涙流して、お礼ゆって、

「お礼に何か、けでぇ。ほだげっと、なんにも持ってねぇがら」って、汚ねえぼろぼろの手拭いを「こいづで顔洗え」って、けだんだと。

その女中、「なんぼ女中してたって、こいな汚らしね手拭い、いらねっちゃや」と思ったげっとも、ぎりぎり握らせられたから「ありがとう」って、もらったんだと。

Ⅱ

奥さまに追っ払われたホイド坊主に、そごの女中が、自分の分の冷ご飯けでやったんだと。したらその坊さま「こいづで顔洗え」って、汚らしねぇ手拭いくれだんだと。

その女中、家さ帰《け》って後片付けして、一番後がらお風呂さ入《へえ》って、その手拭いで顔洗ったと。そうして夜ぉ明けたれば、旦那奥さま、しげしげと女中の顔見てるんだと。

「おらの顔さ何か付いてんでがすか」って聞いたれば、

「昨日《きんな》の顔と今日の顔、ぜんぜん違う。何したごったべや」ってゆうんだと。

そんで池さ馳せでって、水鏡さ映してみたれば、なんとも品の良い、めんこい顔になってたんだと。自分でもびっくりして、

「昨日の坊さまがら手拭いもらって、そいづで顔洗ったれば、こいなぐなったのでがす」ってゆったら、旦那奥さま、

「その手拭い、おれさも貸せ」って、ぐえら取って、たな前さ行って、顔ば拭き始めたと。

鼻高くて目元涼しい奥さまの顔が、拭くたんびに、鼻はぺちゃんとしてくっぺし、まなぐは細こぐなる、眉毛《このげ》はさっぱどねぐなってしまった。そばで女中が、

「奥さま、やめらいん、やめらいん」ってゆったんだげっと、かまわねぇで何回も何回も拭いだんだと。

「今ごろはおれの顔うんときれいになったべなあ」と思って鏡で見たれば、なんと、これが人だべがと思うような、二目と見られねえ顔になっていたんだと。

「あらあ、この顔では、とってもこの世では暮らされね。人つうのは、なりふりで決めてはわがんねもんなんだなぁ。あの坊さま、弘法大師さまだったのかもしんね」って、奥さま、おしょしくて、モグラになって土の下さ隠れてしまったと。

その女中は良いどごさ嫁にもらわれて、一生幸せに暮らしたんだと。

えんつこもんつこ、さげた。

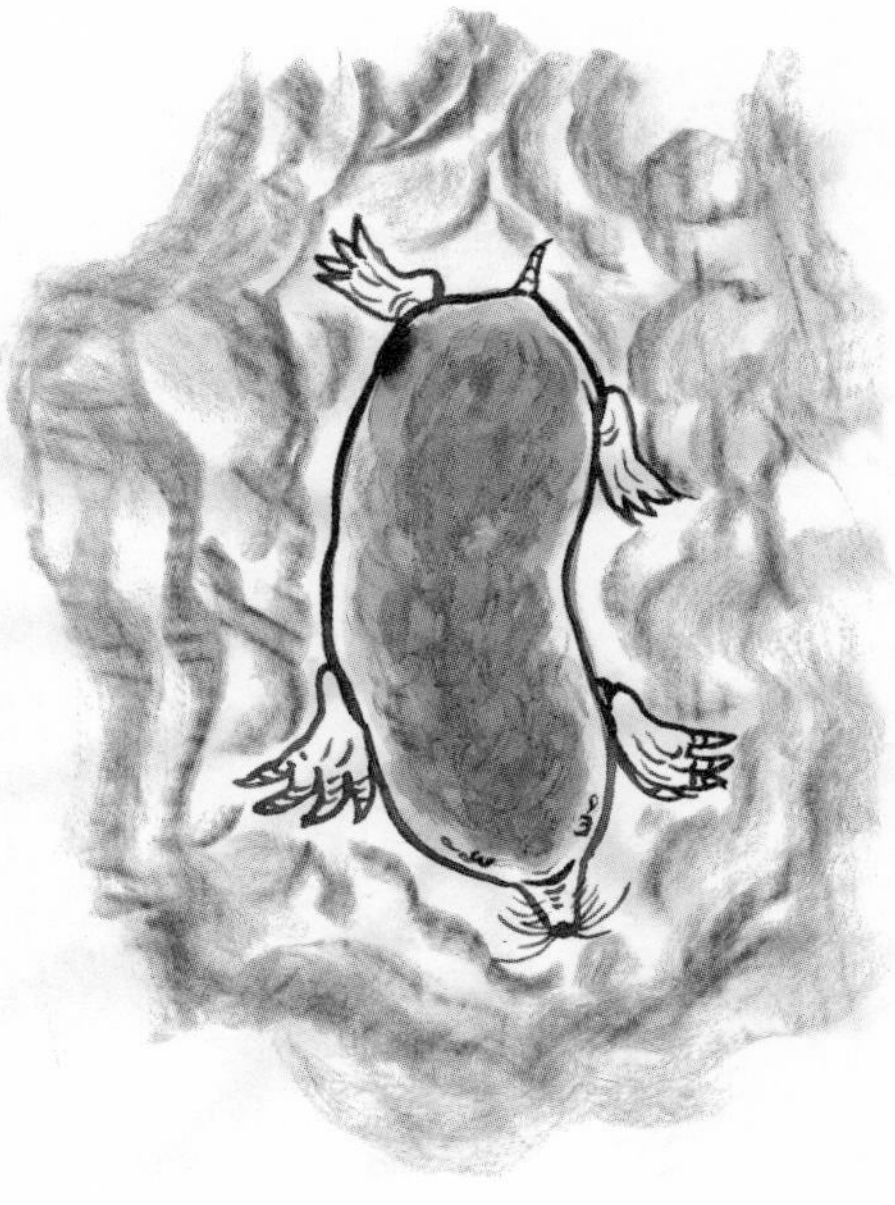

（宮城県栗原市・佐藤玲子さんの語り）

カガシ様の話

Ⅰ

丸森の上滝《かみたき》に「カガシ祭り」ってお祭りあんの。その元になったお話すっからね。

むがぁしむがし、貧乏な百姓がいだんだど。嬶《かが》だの子どもだのさご飯食わせんのがやっとやっと。こんではしゃあねぇがら、道路の普請場だの百姓仕事の手間取りだの、そっちこっちさ日銭取りに行って、ようやっと自分の田畑少しずつ増えできたんだと。

んで春になって田を起ごして、田植えをして、田の草も取って、秋になったっけが見事に稲が実ってきた。

「ああ、なんとがかんとが人並みの暮らし出ぎるようになったなあ」

喜んでいたっけが、雀《すずめ》ッコ飛んできて、実った稲ばブッツブッツブッツブッツついばむんだど。

「なんだ、せっかぐ実ったのに！」

シューッとぶぐってやっと、雀ッコだがらぱたぱた飛んで、こっちさ行ってブッツブッツブッツ、シュ―ッとやっとそっちさ行ってブッツブッツブッツ、雀ぶぐいばっかで、さっぱり仕事になんねんだど。

なんとが方法ねぇべがど思って、物知りの長老様のとごに相談に行ったたっけが、

「むがしっからカガシ様は一人前の仕事するってゆわれでっから、カガシ様立ててみろ」っておしぇらったんだど。んでもカガシ様なんつうの、見だごどねがったんだね。

「なに、いいくれぇの棒立てで、着物着せだり頰《ほ》っかぶりさせだりして人の恰好《かっこう》にこしぇればいいんだ」

そんで父ちゃん、家《え》さ行って、

「嬶《かが》、嬶。ボロんなった衣装《いしょ》でもモンペでも、何でもいいがら集めでこ」って持ってこさせで、男人《おとごひと》のカガシ作ったんだど。一つでは足んねがら、嬶のボロんなった衣装、姉さんかぶりにさせで、もう一づ作った。ほんでも足んねくて、子どものちゃっこぐなった衣装着せで、三つ、田んぼさ立てだんだど。

Ⅱ

貧乏な百姓がようやっと自分の田畑《でんはた》持つようになったんだげっと、雀ッコ来て、実った稲ばついばむんだど。んで、カガシ様立てでみたれば、カガシ様立ってるどごさはやっぱり雀寄ってこねんだね。おかげで稲刈り、はがどらせで、きれえに終わったんだど。

長老様さもお礼ゆってきて、めでたく正月迎えるごどになった。父ちゃん、「お正月迎えられれんのもカガシ様のお陰だがら、カガシ様の分もお膳こしぇで上げっぺや」って、嬶にお膳こしぇらせで、神棚さお供えしたんだど。カガシ様三つだがら、お膳も三つだね。

したら、お正月の朝なったっけ、屋根の煙出《けむだ》しんどっから、美しい姉様スーッと降りてきたど。二人目、三人目とまた降りできて、三人の姉様だぢ、スススーッとお膳の前さ座ったんだど。

そごさ嬶入ってきて、

「なんだべ父ちゃん、お膳こしぇろなんて。色おなごさお膳こしぇらせだったのが」

「いや、ほでね。おれもよぐわがんねんだ」

、

喧嘩《けんか》はじまったど。ほしたれば一人の姉様、スーッと戻っていぐんだど。

「あらら」

また次の姉様、スススーと戻っていった。今度三人め。父ちゃん、行がれでは大変だど思って、三人目ばぎっちりつかんだんだど。

そごさ隣の旦那、新年の挨拶に来て、

「なんだや、何つかんでんだ」

見だっけ、稗《ひえ》がザグザグ入った俵ばつかんでだったど。隣の旦那、

「一番先に逃げでったのは金の俵なぞ。二番目に逃げだのは米の俵だ。金も米も来てくっちゃのに、三番目の稗しかつかまんねがった。お正月がら喧嘩なんかしてっからだ」

んだがら、お正月から喧嘩なんかするもんでねえの。喧嘩すっときはそのあど。それがらは二人して、お正月には喧嘩しないで、仲良ぐ暮らすようになったんだど。

（宮城県丸森町・上村文子さんの語り）

※第1章のエッセー「カカシ」の題材となった話。

三本足の犬

むがーしむがし　あったけど。

むがし、あっところに、じさまとばさまいて、めんごい犬コ一匹、飼ってだけど。

その犬コなぁ、足三本しかながったんだど。どごさ行ぐにもピコタンピコタンて、早ぐも走らんにぇ。じさまとばさま、

「もごさえもんだなぁ、足もう一本あったればなぁ」って、言い言いしったなど。

あるどぎ、ばさま、いいごど聞いてきたど。

「じさま、じさま、間もなぐ弘法大師さまつう偉い和尚さま回ってござっとぜ。お願《ねげ》えして、おら家《え》の犬コさ足一本足してもらったらなじょだべ」

「ああ、そいづはいいなあ」って待っていだば、

やっぱり弘法さまござったけど。そんで、

「どうぞ、この犬コさ、足一本足していただがんにぇべが」ってお願いしたんだど。

したら弘法さま、「ああ、そうが」ってあだり見ったっけざぁ、囲炉裏の四徳《よんとく》ひょっと取ったっけど。炭火の上さ掛けで鉄瓶なんかのせる、丸こい五徳《ごとく》つうのあっぺ。あいづ、むがしは四徳ってゆって、足四つだったのや。弘法さま、

「四徳や、おめは四本足だげんと、歩ぐわげでねえがら、一本無《ね》えだて立ってられるもなぁ」って、その足一本取って、犬コの後ろさパッと付けでやったんだど。そうしたら犬コ、喜《よろご》んで喜んで、どごまでも走っていがれるようになったんだど。

そいづ見ったじさまとばさまも、「いがった、いがった」って喜んだど。

それがら四徳は、足一本犬コにやって大した徳、足さったがら、弘法さまに、五徳つう名前にしてもらったんだど。犬コは犬コで、弘法さまと五徳にもらった足、大事にしねげねえって、おしっこすっときは、汚さねえように後ろの足上げるようになったんだど。

とうびんと。

（山形県川西町・山路愛子さん「むがぁし昔あったけど」より）

龍神さまの嫁取り

Ⅰ

むがーしむがし、あったけど。

むがし、ある村で、龍神沼どて、どげーだ日照りでも枯れるごどのねぇ沼あって、ほの沼のおかげで、ほかのどごぁ日照りでも、ほの村だげはいっつも豊作だったけど。

とごろがあっとぎ、雨も降らねば嵐も吹かねぇのに、沼の吐ぎ出し口抜げで、大水なって暴れ出したど。

村の田畑まで流されそうになったさげ、村役の人だぢ、

「今までこんたごど、ねがったごどだぉ。だれが沼さいたずらしたもの、えねが」て、村中集べで調べだども、ほの沼ありがでぇど思ってる人ごそあれ、だーれもいたずらするものなの、いねがったど。

「んでゃ巫女《おながま》さ行って、聞いでみっぺ」てごどなって、村役《むらやぐ》二、三人、巫女さ行って占ってもらったど。

巫女って、いろんなこと占うミコさんのごどな。ほしたでば、ほの巫女の口借りで、沼の龍神さまが出で来たけど。

「おれも年頃んなったもんだぁげ、嫁欲しい。嫁授けでければ、暴れ水、止める」てゆうなだけど。

村の人だぢ困ったわやぁ。こどに娘もった人なの、青ぐなってすまたど。ところが何としても、ほの水止めねごどにゃ村ぁ駄目になるだど。

「なんとしても、一人は娘、出さねんねもんだぉ。なじょしたら良《え》えべ」

なんぼ相談しただて、ええ考え浮かばねけど。村役まだ、

「娘だぢ集べで、籤《くじ》にしたらええべ。なじぇもすやねぇさげ、当だった人ぇ嫁なってもらうべ」てゆうごどになったけど。

ほして村役、籤こしぇで、小《ちゃっ》こい村だもの十人足らずの娘さ引かせようどすったどこさ、ぼろぼろじゅ着物着た、貧乏くせ娘入《へ》ってきたけど。

Ⅱ

ある村に、どんな日照りでも枯れることのねぇ沼があったんだが、この沼から大水が出て村が流されそうになったんだど。拝んでもらったところが、沼の龍神さまが嫁欲しがってるとゆわれたんだど。なじょにも仕様ね、娘だぢに籤ば引かせっぺとなった。そごんどごさ、ぼろぼろじゅ着物着た、貧乏くせぇ娘入ってきたど。ほの娘、村

はずれの掘っ建て小屋で、明日《あした》もわがらね母親あづがってるもんだぁげ、年頃だども、村の人達《しだづ》ぁ
「とっても籤さ入れらんね」って外《はず》すったのだけど。

ほしたでば、ほの娘、

「おれで良《え》えごんだば嫁入りすっさげ、おれの頼み聞いでけろ」ってゆっけど。

「このままでゃ、おら家《え》の母様《ががさま》、ろぐだ薬も飲まへれねす、死んでも弔いなの出しぇねす、おれが沼さ嫁入りしたらば、村で母様の弔い出して、沼のそばさお墓立ててでけっか」

村の人達、むぞせぇど思ったけども、誰だて沼さなの嫁入りしたぐねぇし、させだぐもねぇ。ゆう通りにするごどにし

たど。

してほの娘、村の人達こへでくった花嫁衣装着て、みんながら見送らって、龍神沼さ入って行ったけど。

したっけピタッと暴れ水おさまったけど。ほれがら村の人達ぁ、お粥《かゆ》煮だり、薬煎じだりして娘の母様あづがったども、とうどう死んでしまったけど。んで沼のそばさ埋めで、石のお墓立てでけったど。

ほしたでば、だれ上げだがわがらねども、いっつもきれえな花上がってるなだけど。あっとぎ草刈り行ってだ村の若勢《わがぜ》が、赤げぇ龍ど青い龍が仲えぐお墓の方さ泳いで来るな見だけど。

ほの娘の名前「おみつ」てゆうなだけど。今まで竜神沼てゆってだったども、誰がらともなぐ「おみつ沼」てゆうようになったけど。

どんべからんこ、ねっけど。

（山形県真室川町・柴田敏子さんの語り）

蛇王からもらった壷

I

むがーしむがし、あったけど。

むがし、大沢さ、松の助じさまて、えだけど。お盆近付いた七月七日の朝ま、こっ早《ぱや》ぐ墓払ぇ行って帰って来たでば、ばさま、

「お天気もええようだし、酒田さ行って、お盆の買い物して来てけんねが」て頼んだけど。ほんでじさま、

「んだら行ってくっか」て出がげだけど。

山道さ入ってえったでば、野郎《やろ》わらしだぢ、白い蛇、棒《ぼっ》切れでこづいったけど。じさま、白い蛇じゅもの神様の使いだて聞いでだもんださげ、

「めんごだぢ、蛇なのいじめんでねぇ。これがらおれ、酒田さ買い物行ってくんなだ。帰りに飴《あめ》玉買ってきてけっさげ、ほの蛇ど取っ替《け》えっぺな」て、もらい受げだど。して蛇さ、

「人目さつぐよなどさ出はってくんなよ。おめの親も心配《しんぺ》してるだぁげ、早ぐ戻れ」て、藪《やぶ》ん中さ放してやったけど。

ほれがらじさま、酒田さ行って、えご草ど天草《てんくさ》ど昆布なの、盆さ使うもの買って、飴玉、ばさまの分も一粒よげぇに買って、帰ってきたなど。

して待ぢった野郎コ達《だ》さ飴玉くって、ばさまさもやったでば、ばさま
「飴玉なの、何年ぶりだべ」て、喜んで口さ入ったけど。

その晩げ、じさま、夜中に小便《しょんべん》出でぐなって外さ出はったけど。用足して帰るかじゅしたでば、きれえな娘、立ってだけど。

「おれ、じさまに助けらった白い蛇だ。おれ家《え》の父親の蛇王《じゃおう》様がら、礼言いでがら連れでこいってゆわったさげ、来てけらんねべが。ちょこっと眼つぶてみろ」

てゆっけど。

じさま眼つぶったでば、娘の袂《たもと》かげらって、フワッとなったけど。

眼あいでいい、てゆわってあいだでば、竜宮みでぇな立派な御殿なだど。して龍の冠かぶった蛇王様がデンと座って、娘助けらったどんて礼ゆうなだけど。

Ⅱ

野郎コだぢにいじめらってだ白い蛇助けだじさま、その夜、きれえな娘に蛇王さまのどこさ連れでいがったけど。見だごどもねえよだ旨《うめ》ぇもの、えっぺ御馳走《ごっつおう》なって、「ばさま目ぇ覚まさねうづ、行がんなんね」てゆったば、蛇王様、「なにが土産くってげっと、じさま、困ったごど、ねえが」て聞いだけど。じさま、「おれ、ばさまと二人食う三反歩の田持ったども、沢がかりだもんだぁげ、水枯れるど一番困ったなよ」

ほしたでば蛇王様、龍の形した壺《つぼ》出して、

「もしも困ったら穴掘って、この壺の中あげでみろ」てゆっけど。

じさま、ほの壺もらって、また娘の袂かげらって、家さ戻って来たど。

次の朝、ばさま、

「じさまじさま、夕べ日照りだの何なのって、ずいぶん寝言すっけゃ、何の夢見だなや」てゆっけど。じさま、夢だったなが、ってがっかりしたども、ほんでも枕元に壺あったがら、戸棚の奥さしまっておいだっけど。

しばらぐたったでば、やっぱり日照りで、沢がかりの水枯れで、田ぁひび割れできたけど。じさま、戸棚さしまった龍の壷思い出して、

「ばさま、手伝え」て、田んぼの上《かみ》の方さ穴掘って、壷の中身入れでやったど。とたんにゴボゴボゴボーッて音して、水どくどくど出できたけど。

「あららら、えがったわ、えがったわ」

じさまどばさま、田さずうっと溝作って、その水流しこんでやったけど。

今まで枯れそうなってだ稲ピーンと伸びて、青々なっだけど。ほして秋にゃ、ほがの所みながら枯れでろぐだもの取れねけども、じさまの田、ほれごそ大豊作になったけど。

とんぺからんこ、ねっけど。

（山形県新庄市・渡部豊子さんの語り）

※第１章のエッセー「蛇の御利益」の題材となった話の一つ。

3 異形の者との出会い

鬼の髪

Ⅰ

むがーすむがす、あったけど。

むがす、あっとごに、独り者の兄えだけど。ほの兄、山のもので暮らし立てでで、雪消《け》だってゆうど、青物採りだ、茸《きのこ》採りだて、一年中山さ行ってんなだけど。

あっとぎ茸の出る節ぇなったもんで、茸採り出かけだけど。夢中なって採ってだば、面《つら》さ蜘蛛《くも》の巣みでだもの引っ掛かったけど。手で払っだども取れねがら、こっちの手で取っかじゅしたでば、蜘蛛の巣んねくて、うづぐすー糸だったけど。

「やぁややや。こげだ美す糸、はじめで見た」て、懐さ入《へ》って持ってきたけど。ほしてるうぢに山の木の葉っぱもみな落ぢで、神室山ぁ真っ白になってきたけど。

雪の前触れの雷は鳴る、霰《あられ》コは降る、ヒュウヒュウと荒れだけど。

「こうゆうどぎは早ぐ寝だ方えんだはなあ」って飯《まま》食いすったでば、

「お晩です、お晩です」て、誰が来た音すっけど。開けでみだでば、びしょ濡《ぬ》れなった女《おな》ゴ人《ひと》立ってで、

「道に迷ってしまいあんした。どうが一晩泊めでくだせぇ」て頼むなだけど。

兄ぁ、こげだ晩だもの、仕方ねえべちゃなあどんて、中さ入ったど。ほして囲炉裏さどんどと火ぃ焚《た》いて、濡れた着物ば干さしぇで我《わ》ぁのボロ着物着せで、食いかげった飯ば分けで食《か》しぇだどごだど。

　次の朝、兄ぁ起ぎでみだでば、ちゃんと朝飯の支度すったなけど。ほして家《うぢ》の中のごど、あっつしたりこっつしたりして、出でぐ気配なえなだけど。ほげしてるうづ仲良《え》ぐなってハァ、夫婦えなったけどわ。

　ほうして雪消《け》で、山の季節んなっと、

「あそごの斜面さジュンメェ出っつぇ」

「こっちの沢さアイコ出っつぇ」だので教えんなだけど。

茸の節もその通りで、山のごどで知らねてゆうごどねえ。暮らすだで、だんでだんで

良ぐなっていったけど。

Ⅱ

山でうづぐしーい糸拾《しょ》ってきた兄のどごさ、嵐の晩に、旅の女ゴ人道に迷ってきたけど。そのまんま仲良ぐなって、夫婦えなったけどわ。

んぼごも生まって、幸せに二、三年暮らすったべちゃなぁ。ほのうづ、嬶《かが》、だんでだんで痩せでくるでなあ。んぼごはんぼごで、

「嬶どごおっかね、嬶どごおっかね」てゆうようになったけど。あっとぎ親父、

「嬶、おめ、どごが体良ぐねえな、んねべ。んぼごぁ汝どごおっかねって泣ぐべし、汝は痩せでいぐべし、おれぁ、どげすっとええなだやわ」

したら嬶、ボロボロど涙こぼして、

「実は、おれ、鬼だなだ。おめ、山がら、きしぇだ糸のようだもの拾ってきたべ。あれゃおれの髪の毛なだ。人の目さ触れさせではなんねがったなよ。んださげ、取り返したら帰るつもりで、えだったなづも、おめ、あんまり優すもんださげ、今日までなって

すまた。んでも、もう駄目だわ」

「駄目だなて、なに駄目だどごや」

「我ぁの本性出できて、んぼごどご抱ぐど、食《く》でくて我慢さんねなよ。我が子だぞ、食ってわがんねぞて我慢すんなの辛《つら》いごど。いづまで我慢しぇっか分がんねおや」

　親父ぁ、ほれ聞いで、腰抜かすどごだったど。嬶、「身も明かすたんだす、ここにいるわげいがね。んでも、どごでいだて見守ってさげな」って、頭二、三回振り回したっけゃ、恐ろす鬼の姿えなって、東の山の方さ飛んで行ってすまたけど。

　ほんでもな、月夜の晩になっと山がら飛んできて、さまぶちさ張り付いで、月の明かりで家の中見でるもんだけど。んださげ、さらわったりすっと、えぐねさげ、「赤子んぼこは月夜の光さ当でるもんでねぇ」てゆうなだど。

　どんべすかんこ、ねっけど。


（山形県新庄市・渡部豊子さんの語り）

山姥の仲人

I

むかし、まづ、あったと。

ある男が、奥山で昼飯食ってたんだそうだ。ずねぇ焼き飯、アンムアンムと食ってたらば、いつのこまにか汚ねえ婆様《ばさま》わきに座ってて、男が口動かすたんびに我がの口おんなじように動かしながら見てんなそうだ。

見ればその婆様、白髪頭ボサボサで、見るかげねえ、あらめのような衣装着て、藤《ふじ》蔓《つる》なんと巻いて帯にしている。

「婆様、おめ、腹減ってんのかよ。一つやっか」って、ずねぇ焼き飯一つやったら、アムアムアムと、あっという間に食ってしまった。

「いま一つやっか」

また一つやったら、また喜んで、アムアムと食っちまった。そうやって男の昼飯、あらかた婆様に食《か》せてしまったと。

「おめは気持ちのやさしい、いい男だなあ。女房あんのかよ」

「いや、まだ持たねえ」

「ほうか。ほんだぁ、おれ、世話しっぺ」

そう言うと、その婆様、あっという間に見えなくなってしまった。なんとそれ、山姥《やまんば》であったそうだ。

いく日か過ぎたとき、その男、庭先で仕事しったら、急にえらい風が吹いてきた。同時に何やら吹っ飛んできて、トン、と降りたものある。見れば立派な駕籠《かご》であったと。

たまげて駆け寄って、開けてみたところが、中に花嫁さまが入ってる。立派な白無垢《むく》の衣装着て、かんざし挿して、美しい花のような嫁さま、気ぃ失っていんなそうだ。抱えていって、家《うち》ん中さ寝せて、それ水よ、薬よ、さすりよ、となって看病していたところ、気がついて、眼パチッとあいた。男の方でものぞってたから、パチッと見た。パチッとパチッと合って、それ、気が合ってしまったんだと。

Ⅱ

ほれから話聞いてみたれば、これが大坂の鴻池《こうのいけ》の娘さま。となりの里に嫁に行くのに、供揃《ともぞろ》いして、牛馬《うしうま》にたんと荷物つけて、あまたの人足にも担がせて、峠の頂きのところまで来た。そこでちょっと一休みしていたれば、どこからかえらい大風吹いてきて、ゴウッと駕篭だけ巻き上げらっちゃ。あれよあれよとみんな騒いでるうちに、嫁さま、下の世界が遠くなる。そのまま、ふうっと気ぃ失って、パチッと眼あいたとき、男がいたわけだ。

「ここに縁あって来たんだから、嫁にしてくなんしょ」

そう言《ゆ》わっちぇ、その男、世にも美しい姉さまと夫婦《めおと》になったんだと。

ほうで三月ばっかし過ぎたとき、鴻池の番頭だつう爺様《じいさま》がたずねて来た。

「大事なお嬢さまのお嫁入り、宰領《さいりょう》して行ぐ途中、何やら魔ものにさらわっちゃ」って、行ぎ先、たずねたずねて、ようやっとたどりついたんだと。

「いやいや、よかった。命助かって、ここに暮らしておらったか。旦那さまもなんぼ

心配しらったか。さっそく戻らんしょ」

　そう言ったところが、娘、

「ここの家の嫁になったんだから戻らんにぇ。婿さまというのは、たいそう親切でいい人だから、ここさいる」って動かねえんだそうだ。

　なんぼ言っても戻るべとしねえ。仕方ねえから、番頭、そのまんま帰って旦那さまに申し上げた。旦那さま、じーっと考えておらったが、

「これも前世からの約束ごとであっぺ。したれば嫁入りの荷物、みな持ってげ」となった。

　それから嫁入りの荷物、運んできたんだが、貧乏な百姓家には入れる場所がねえ。ほうで、大急ぎ、でかい屋敷から、蔵から、ずらり建て並べて、その荷物収めたと。貧乏だった男、たちまち大した長者になった。

　そのおり、向けえの山の方でゲラゲラゲラと大風のような笑い声が起きて、

「おーい、男よー。おれの世話した花嫁、気に入ったかー」。

　そう言ったそうだ。


（仙台市太白区・佐久間クラ子さんの語り）

雪女郎

Ⅰ

むがーしあったと。ある寒い冬の日のこと、とっつぁま、七つ八つのワラシ連れて、山越えして隣り村に用足しに行ったんだと。

日暮れ近くなって村を出たところが、雪が降り始まった。のんのんのんのんのんと降り積もって、山道にさしかかったときには風も吹いてきた。さあ、その風がだんだん強くなって、大した吹雪になってしまった。「仕方がねえ。ここで吹雪おさまるの待ってることにすっぺ」って、藪《やぶ》の陰で、やり過ごすことにしたんだと。

わがの衣裳《いしょう》も綿入れ半纏《はんてん》も脱いでワラシに着せてやって、二人して丸くなってすく

んでいるうち、とっつぁまもワラシも寝込んでしまった。

どれぐらいたったんだが、ワラシ、ふっと目ぇ覚ましたと。お月さんが皓々《こうこう》と照ってたそうだ。ああ吹雪やんだなあと思って、またうつらうつらしてたっけが、遠くから雪踏んで、キシッキシッキシッと足音がするんだと。そばまで来て、その足音がすうっと止まった。

ワラシ目ぇ開いてみたっけが、美しーい女ゴ人《おなひと》が立ってたんだと。とろっとした白い衣裳着て、真っ黒い髪背中まで垂らして、まあなんちゅう美しい姉様だべなあと思って見ていたっけが、その姉様、とっつぁまの顔両手ではさんで、ふうっと息吹きかけた。そうすっと、とっつぁま、ぱたっと凍《し》みてしまった。それからワラシに手ぇかけたんだげんと、

「おめはめごいワラシだなあ。あんましめごいから、命だけは助けておくべえ。したがな、今見たこと、決して人に語んでねえぞ。語ったれば命ねえかんな」

そう言うと、またキシッキシっと雪の中踏んで、消えてしまったと。

それから何年もたった。そのワラシ、そろそろ嫁もらう年ごろんなって、おっかさまと二人で暮らしていたんだと。ある大した吹雪の晩、トントンと戸を叩《たた》く音がするんだと。

Ⅱ

吹雪の晩に雪女郎に会って、とっつぁまは死んだげっど、ワラシは助かった。何年も経《た》った吹雪の晩、戸ぉ叩く音がするんで開けてみたれば、美しい娘が立っていたんだと。

「道に迷って進めねくなってしまった。一晩泊めてもらいてぇ」

わがのとっつぁまも吹雪で亡くしたもんだから、人ごとでねぇ。

「さぁさぁ入れ入れ」って着物着せ替えてやって、雑炊の残り暖めてやって、囲炉裏のそばに床とって寝かせてやったと。

次の日も、また次の日も、吹雪が収まらねぇ。その娘、ただ泊まってたんでは申し訳ねぇと、一生懸命手伝いするんだと。やさしいし、よく気が付くし、息子もおっかさまも、すっかり気に入っちまった。

「ふた親亡くなって、遠い身寄りが北の国にいると聞いたから、訪ねて行くとこなんだ」

なんて言うから、

「んでは、なんでかんで行がなくてねぇことねえ。ここさ泊まってろ」って引き止めて、春になるころには息子とその娘、めおとになったんだと。

そのうちに　おっかさま、ちょっとした風邪がもとで死んでしまった。んでも次々と子ぉができて、賑《にぎ》やかになってきた。

その嫁さまというのは、馬も使えば山から木も切り出すで、男まさりの仕事をする。それでいて機を織ったり縫い物したりも器用にやる。いつまでたっても迷ってきたときのまんま、美しーい顔なんだと。

そうして何年かたって、やっぱり吹雪の晩であったと。すっかりとっつぁまになったその男、囲炉裏の傍で、手枕で横になってた。囲炉裏のそっちには、ワラシたちがずらっと枕並べて寝てた。こっちではかか殿が行灯《あんどん》の明かりで縫い物してる。外は吹雪だげっとも、家《うち》の中は火ぃ焚《た》いてぬくとかったと。

Ⅲ

吹雪の晩に迷ってきた娘と夫婦《めおと》になって、子ぉが何人もできた。外は吹雪でも中はあったけえ。男、いい気分で、ふっと語ったと。

「おらがこのワラシぐらいの時、とっつぁまと、吹雪で迷ったことあったんだわ。おら、抱かれて眠ってたんだげっと、ふっと見たれば吹雪やんで、美しーい女ゴ人来たんだ。いや、その美しいこと、忘れらんね。その姉様が息吹きかけたっけが、とっつぁま、凍みて死んでしまった。して「おめはめげぇから助けてやる」って、そのまんま行っちまったんだ」

行灯《あんどん》の脇にいたかか殿、手に持った縫い物すっと下に落とすと立ち上がったと。

「おめさん、とうとう喋《しゃべ》ったな」

結ってた髪の毛パラッとほどけたと思ったっけが、真っ黒い髪背中に流れて、着ていた衣裳《いしょう》いつのまにか真っ白になってたと。

「喋ったら命ねぇとあれほど語ったべ。なして喋ったのよ」

男たまげて、口もきけなくなってしまった。すっかり雪女郎になったかか殿、男の肩に手ぇかけて息を吹っかけべとしたとき、いっとう末の、まだ生まれて間もないややコが、火ぃ付いたように泣きだしたと。

かか殿、泣き声に引かれて、ややコのとこさ行って抱き取ったと。懐さ入れて乳くくませながら、ややコの顔見、男の顔見、枕並べて寝てるワラシども見て、

「殺すに殺されねえ」って、ややコ抱いたまんま、戸を開けて外さ出てったと。

それからそのあたりでは、雪の晩になると、ときどきややコ抱いた女ゴ人が立ってるんだと。そして通りがかりの人に「このややコ、ちょっと抱いててもらいてえ」って頼むんだと。うっかり抱いてやれば、パカッと凍みて死んでしまう。したから夜中にややコ抱いた女ゴが立ってたらば、知らんぷりして通りすぎていけよ、って言われてるんだと。

おしまい。

（仙台市太白区・佐久間クラ子さんの語り）

天見れば

Ⅰ

やくざな男がふたぁりあったんだと。まぁ仕事してたんだけども、ろくな飯も食わされねえ、ろくな金も払ってもらわれねえ、こだなとこにいても知しゃねえから、ほがさ行くべってわけで、そこ出たんだと。

金もねえ、アテもねえ。腹減って腹減って、水ばっか飲んで、腹かっぽかっぽと歩ってたと。そのうち坊さまが通んの見えたんだと。ほかの家《うぢ》の門口《もんぐち》に立って、何やらモゴモゴと口でゆって鉦《かね》なんとチンと鳴らすと、銭もらったり米もらったりする。「あれは良い商売《しょうべぇ》だわ。むかしっから坊主丸儲《もう》けってゆうんでねえか。おらだぢもあれやっぺ」とゆうことで、二人して頭丸めて、どっからか、ひっちゃれ衣《ごろも》を手に入れて、よそのうち回って行ったんだと。お経なんてわかんねぇから、モゴモゴモゴモゴ口ん中でゆって、鉦チンと鳴らすと、銭もらったり拝まれたりする。「これは良い商売めっけた」と歩ってったと。

夜んなって、どっかに泊めてもらうかと探したっけが、誰も住んでねえ寺があったんだと。

「ここに泊まっていいもんだべか」と村の人に聞いたら、「化け物出るとゆって、誰もいねぇんだ。それでよかったら泊まらんせ」ってゆわれた。ほかに泊まるとこねえべし、化け物出るつっても、二人ならば、なんちゅうこともねえべと思って、泊まったんだと。

したっけやっぱし夜中になったっけ、何やらチンカラチンカラ真っ暗なとこ出てきた。「やっぱりなあ」と思っていたっけが、チンカラチンカラ回って、すうっと消えた。そのうちにまた来たと。何やらバサーッと大っきなもの掛けられて、何だべと思っているうちにまた行ってしまった。

入れ替わり立ち替わり得体の知れないもの来たんだげっとも、何ごともなく朝んなったと。

Ⅱ

食うに困ってにわか坊主になった男二人、化け物寺に泊まったっけど。得体の知れないもの来たんだが、何ごともなく夜が明けた。

朝になって、村人が見に来たと。一緒に縁の下探したっけっが、袈裟《けさ》だの錫杖《しゃくじょう》だの衣だの、腐って欠けたものがいっぱい重なってあった。坊さまが死んでしまうと、村の人、坊さまは片付けてやんだげっとも、着てたものやなんかはそのまんまなもんで、腐りかけて、化け物になって出てきてたんだと。

それ燃やしてやったっけが、化け物は出なくなって、二人はその寺の坊さまと小僧になったんだと。

あるとき、里の人が死んだからお経あげてもらいてぇ、って呼びに来た。さて困った。口の中でモゴモゴゆってるうちはいいげんと、引導渡すとなれば何ごとかゆわねっかねえ。んでも行けばお布施は貰《もら》えっぺし、ご馳走《ちそう》は出んべし、何とかなるべぇと行ったんだと。

いよいよ引導渡すとき、高空《たかぞら》見たっけが、ちょうど秋のころで、雁《かり》が渡っていった。

数えてみたっけ四十八羽いたから、おもむろにゆったと。

「天見ればガンが四十八羽ぁ、百ずつ売って四貫《しがん》八百。われ四貫取りてぇ、小僧に八百を与えーん」

したれば小僧、木魚ポクポク鳴らしながら、

「そりゃ和尚貪欲な、そりゃ和尚貪欲な」ってゆったと。

また別なあるとき、法事に呼ばれて、お経あげながら見ったっけが、流し元で女人《おなごひと》たちがご馳走《つつおう》の支度してる。大根だの人参《にんじん》だの厚《あっつ》ぐ切ってるから、ついゆったと。

「油揚げ、蒟蒻《こんにゃく》、厚《あーつ》ぐ切ーれ、大根人参うーすぐ切ーれ、まずいものはクワーン」

小僧、木魚叩《たた》き叩き、

「もっともだー、もっともだー」

まあ、そんなこんなして、二人してのんびりと坊さまと小僧やったんだと。

おしまい。

（仙台市太白区・佐久間クラ子さんの語り）

鬼子母神さま

むがぁしむがし、鬼子母《きしぼ》つう女の鬼がいだんだど。鬼神王《きしんおう》と夫婦《ふうふ》で、千人の子供産んで育ててたんだね。この千人の子供養うのに、里だの町だのさ出てきて、人の子供さらっていぐんだったど。

そっちでもこっちでも、またさらわれたって大騒ぎになってね。人間だぢ、みんなで相談して、お釈迦《しゃが》様のどごさ行ったんだど。お釈迦様も、

「困ったもんだなあ。何とがしなくてねぇど思ってだんだ」って、鬼子母の一番下の子供、隠してみたんだそうだ。そしたれば鬼子母、

「おれの大事な子供、誰がにさらわっちゃ」って、狂ったみてぇに探し回ったんだど。どご探しても見つかんねぇんで、泣ぎ泣ぎお釈迦様のどごさ行ったわげだ。したればお釈迦様、

「子供めごいのは人だっておんなじだべ。あんだは千人のうぢ一人いねぐなっても心《しん》配《ぺ》すんだ。人つうのは千人も子供持ってねえ。二人が三人しかねえ子供のうぢ、一人さらわったら、なじょな思いすっぺや。今まで自分がしてきたごど、考えでみろ」って、諭したんだど。そしたれば鬼子母、

「ああ、おれ悪《わり》かった。堪忍《かんにん》してけさい。これがらは修行積んで、立派な神さまになりす」ってゆったんだど。そんでお釈迦様、隠してた末の子供、返してやったど。

それがら鬼子母はお釈迦様のどごで修行積んで、子育ての神様になってね。世の中の人だぢ、鬼子母神様って崇《あが》めるようになったんだど。

この鬼子母神様お祀《まつ》りしてんのが、相馬の仏立寺《ぶつりゅうじ》なんだ。生まれた赤んぼが体弱いと、このお寺さんさ来て、鬼子母神様の取り子《ご》にしてもらうんだね。お預けすっから丈夫にしてけらいん、って頼むわげよ。

仏立寺の鬼子母神様って、今でもみんなから信仰されでんの。

（宮城県山元町・庄司アイさん「母の語ったむかし」より）

そばの茎が赤いわけ

I

むがしむがしの話だ。かさまと、二人の娘ど、暮らしていだど。

かさまな、

「用足しさ行ってくっから、にしゃだぢ二人《ふたんじ》留守番してろよ。山姥《やまんば》出でくっかもしんねがら、決して戸ぉ開けてなんねぇぞ」って出がげでいったど。

一時《いっとき》も過ぎたころ、

「いま帰ってきたぞ。戸開けろ」つう声したど。娘だぢ聞いったら、がさがさ声なんだど。

「おらイのおかや、そんながさがさ声してねぇよ」

「ああ、そうが、そうが」って山姥、山さ吹っ飛んでってな、小豆水ぐだぐだ煮立てて飲んだど。小豆水飲むと、きれぇな声になんのな。して、

「ほら、おかや帰ってきたぞ」つったど。娘だぢ、おかやがど思って戸の隙間から見たど。したら手ぇ真っ黒なんだど。

「おらイのおかや、そんな真っ黒手してねぇよ」

「ああ、そうが、そうが」

また山さ吹っ飛んでって、そば粉、手さ、でっちら付けでな、

「いま帰ってきたぞ。ほうら見ろ、こんな白い手だぞ」

うすら晩方んなったべし、子めらも待ちかねったがら、戸ちいっと開けだど。そしたら山姥ダーッと入ってきてな、二人の娘んどご食いそうになったど。娘だぢ逃げだ、逃げだ、逃げだど。いや追っ掛げんだど山姥も。

娘だぢ逃げでいったれば、お寺の井戸の脇に、でーっけぇモミジの木あったど。ふたんじ登ったらば、そごさ追っかけできて、

「やろめら、どごさ行った」って井戸の中見たど。お月夜の晩だがら、木の上さ登っちだ娘だぢ、姿映ったんだど。

「そうが、あそごの木の上が」って山姥登んべとしたら、ながなが登りようねえだど。

Ⅱ

おかやが用足しさ行って娘ふたんじ留守番してたれば、山姥が来たんだど。おっかげらって、娘だぢ、高い木さ登って震えったど。

「こら、にしゃだぢ。そった、てっちょまで、なじょして登った」

「おかやの、びんから油付けで登った」

「そうが、そうが、びんから油が」

　山姥びんから油持ってきて、たーっと塗って登んべど思ったど。したが油だもの、つるつるって登りようねぇべした。

「なんだ嘘《うそ》こいで。仲間ば、いっぺ連っちぇきて、ひと食いに食っちまうど。なじょして登った」

　娘だぢ、おっかなぐなってな、

「まさかり持ってきて、じゃっかじゃっか足場作って登った」

「ああ、そうが、そうが」って、山姥こんだまさかり持ってきて、じゃっかじゃっかど足場作ってな、木のてっぺんまで登ってきたど。

　娘だぢ何ともしょうねくて、

「天の神さま助けでくなんしょ、天の神さま助けでくなんしょ」って、ふたんじ、がなったど。そしたら天の神さまがな、鎖ぽいーっと二本投げでよこしたど。

娘二人は鎖さつかまってな、ぐーんと天さ上がっちまった。それ見った山姥、「おれさも鎖くろ、おれさも鎖くろ」っつったがら、天の神さま、腐っちゃ鎖ぶん投げでよこしたど。山姥喜んで、それさつかまって登ったげんじょ、腐った鎖だものな、途中で切っち、バッターンって落ぢだどごろが、そば畑でやっただど。

そばの根元が赤ぇのは、山姥の血なんだど。そうして二人の娘はな、宵の明星、明けの明星ってお星さまんなったつう話だ。

ざっとむがし、さげぇもうした。

（福島県喜多方市・山田登志美さんの語り）

4 人生模様・巡り合わせ

藁三束と塩一升の運

Ⅰ

むがーしむがし、立派な長者さま、上《かみ》の方さいらったじゅ。下《しも》の貧乏な家さは若《わげ》ぇ夫婦いやったど。

どっちの女房《おがだ》も、じきに、ややコ産まっちそうになってだったど。貧乏な家の亭主、いづ産まれっかど気になったげんじょ稼がねぇわげぃがねぇがら、山さ木ぃ伐《き》っさ行ったど。そのうぢ、にわがに雷様きて、ザーッと滝のような雨んなった。

雨宿りすっどごねぇがど思って見だら、太いケヤキの木に洞があった。「ああ、ありがで。雨宿りさせでくんつぇよ」なんてもぐったんだが、いづまで経《た》ってもやまねぇんだど。嬶《かか》のこと案じながらトロトロッと眠ったんなべなぁ。パカッパカッて馬の音したど。

こうだ山ん中さ馬入って来るはずねえから、夢ん中のような気持ちでいだれば、ちょうど洞の前さ止まって、

「山の神さまぁ、山の神さまぁ」って呼ばるんだど。

「上の家の長者様さ男やや産まれやんした」ってゆうと、

「んではちょっくら待ってろ」なんて、帳面めぐるような音すんだど。

「あらら、上の家の長者の息子、藁三束《わらさんぞく》持って産まっちぇきたぞぉ。あどは」

「下の貧乏家《や》さおなんこ産まれだようでやす」

また帳面めぐる音して、

「下の家のおなんこ、塩一升持ってきたわ。このおなんこ、上の家の長者の嫁んなる、うん」

そうしてそのおなんこが十六の春、やっぱり長者の家の嫁になっただど。

めごーいおなんこやや産まっちぇだっただど。

貧乏家の亭主、心配《しんぺ》んなって、大急ぎで家さ戻ったんだそうだ。したらやっぱり、
なんつって、パカッパカッて馬の音が遠のいてったら、雨がすーっと上がったじゅ。

「そうがよ」

Ⅱ

上の家の長者と下の家の貧乏家に、同じ日に男ややと、おなんこ《おんな》やや産まっちゃ。
そうしておなんこが十六の春、山の神さまがゆったとおり長者の家の嫁んなっただど。
その十六の嫁クルクルクルクルクルよーぐ働いだ。男衆女ゴ衆三十人もいんの、朝から
ずねぇ釜さ二っつずつ飯《まま》炊いで、てんこ盛りにして食《か》せんだど。奉公人だぢ、喜《よろご》んで
腹いっぺ食ってだど。
姑様、こんじは倉の米なぐなっちまう、ど思ってな、
「なんのごどして、にしゃ、奉公人さ飯あのくせぇ分げんだ。奉公人なんつのは、ど
ごで油売ってっかわがんねんだ。そんな態《てえ》さ飯いっぺ食せっこどねぇ」
「はぁい」

返事はしたげんじょも、玉の汗流して働いでくる男衆女ゴ衆さ、さらっと分げらんねくて、いっぺぇてんこ盛りにしてだったど。

今度は婿どの来て、

「なんだってにしゃ、お母《があ》に、奉公人さそんなに分げんなって言わっちゃんでねえが」

「おてんと様さ当でらって稼ぐ人は、腹くっつぐなるほど食わねごったら、続がねのす」

「理屈ゆうな。お母の言うごどせぇ聞ぐどいいんだ。わがったが」

「はい」ってゆったげんじょ、またてんこ盛りに分げでだもんだがら、とうとう何ひとつ預けらんねで、ぶん出さっちゃどぉ。

昔《むがし》の嫁だもの、実家さ戻るわげいがねものなぁ。しょんぼり山越していったど。いぐづ山越したんだが、腹は減るやら喉は渇ぐやらして、何が食いでど思ったたって、すか菜っぱの一つもねぇ。峠登ってったら、茶店があって饅頭《まんじゅう》蒸かしてた。裏さ清水が湧いったから、蕗《ふき》っぱ丸めて水汲《く》んで、饅頭の匂い嗅《か》ぎながら水飲んでだど。

茶店のばさま、そいづ見ででな、中さ入れらって、饅頭ご馳走《つつお》なったどぉ。

Ⅲ

長者の家ぶん出さった娘、峠の茶屋で暮らすごどんなった。今まではばさまだけだったの、こんだぁ若ぇ姉様が愛想よぐ呼ぶもんだがら、どんどん客来んだど。

「裏の清水で酒こしゃってみねが」って酒こしゃったれば、良い酒でぎで、もっと客来るようになった。そのうぢこんだぁ宿屋にした。男衆女ゴ衆いっぺ頼んで、大したずねえ宿屋んなったど。ばさまはぽこっと死んじまったが、宿屋は繁盛するばっかだったど。

ある日、むがしの亭主、汚《きたね》ぇナリして来たつうんだ。

「これど握り飯《まま》、取っ替《け》ぇでくんつぇ」

寄越《よこ》したのがワラジ三足だったど。あれだけの財産なじょしたんだべと思ったげんじょ一遍は夫婦なった仲だがら、ずねえ握り飯二つこしゃって、中さ小判ぶっこんでやった。

「ありがどござりやした」

目も合わせねぇでタッタと行って、裏さ回って食ったらガチッと当たった。

「なんだあの女ゴ、石ぶっ込んだな」って、ポン。投げでしまった。

してまた次の日来たど。

「今日もこれで助けでくんつぇな」ってワラジ三足こしゃってきた。

なんであの銭わがんねがったんだべ、足んねがったがなと思って、まっと銭ぶっこ

んで、まっとずねぇ握り飯三つこしゃって、

「はい、持ってがしぇ」

「ありがどござりやす」って裏さ行って、またガムガム食ったど。ガチッと当たった。

「いやあ、これ固ぇ。これ固ぇ」

三つが三つポンポン投げで、今日はどごで藁《わら》もらって、ワラジこしゃって来るんだがやれ。

産まれっどぎは藁の三束か塩の一升持ってくるつんだがら、上手に使って、人の気持ぢわがって、よぐ生きろ。そう語った母ちゃんの昔でやした。

ざっとむがし、さげえもうした。

（福島県三島町・五十嵐七重さんの語り）

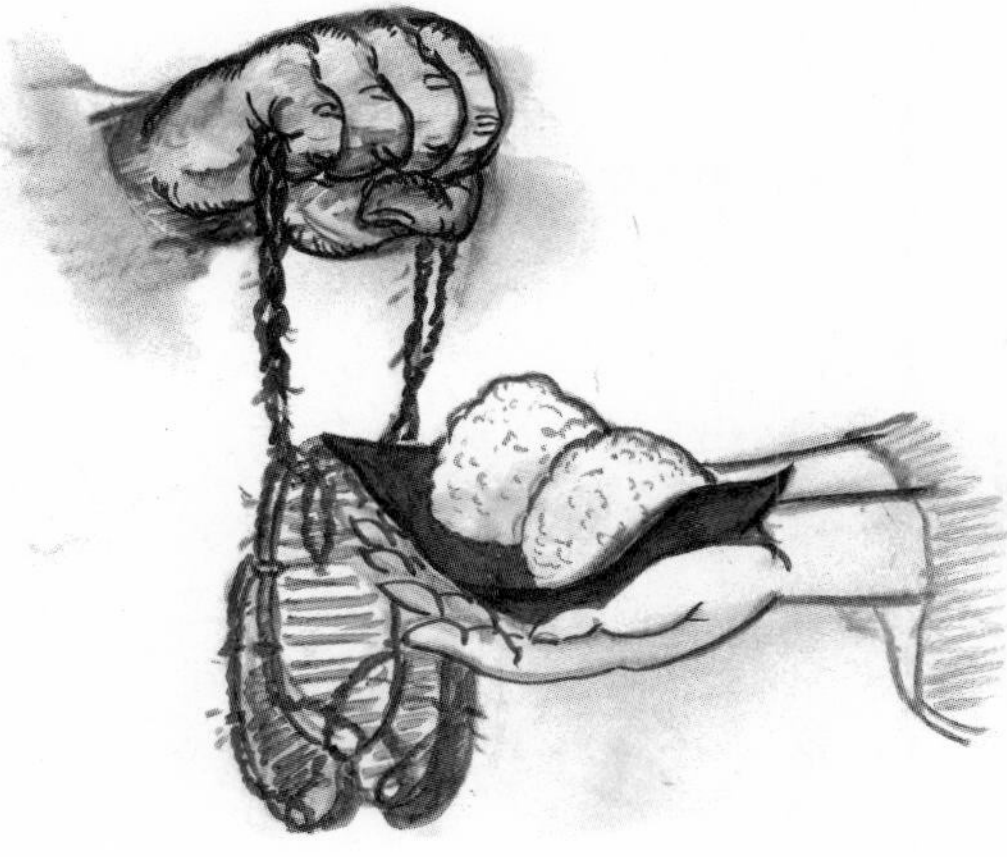

嫁の草取り

むがぁし、まずあったと。あるとこにじさまとばさまと息子といる家あってな、息子のとこになかなか嫁さま来てくんねかった。

ちいっとこったんねぇ息子ではあったんだが、そのうちようやっと嫁さま世話してもらったと。したが、いわゆる仲人口で、その嫁さま、いいことばぁり言われて来たもんでな、

「なんだぁこの婿さま。こぉだとこさ、いたくねぇ。なんとか追ん出されるようにすっぺ」と思ってな、飯ぃ炊くときにも汁ぅ作るときにも、うめぇものこしゃぁねえようにしてたんだけんと、姑《しゅうと》おっかさま、嫁さまの気持ちわかってんだか何だか、

「これだけ辛い味噌《みそ》汁食ったら、あとなんぼ汗出しても、でぇじょうぶだなン」

薄ぅい味噌《みそ》汁飲ませれば、

「いやぁ、今日の味噌汁は年寄り向きだなン」なんて、なかなか追ん出してもらえねぇ。

やがて夏になって、田の草取り始まったと。田の草取りというのは汗は流れる、穂先はちくちく顔に刺さる、腰は痛くなる。まぁずひどいもんで、嫁さませつねくて、

「田んぼ、うんと引っかき回してやれば、稲ぇ倒っちゃり根ぇ切っちゃりして、悪い

嫁だって追ん出してもらえっかもしんね」って、田の中、引っかいて引っかいて、稲の根っこ切れっちまうんでねえかと思うぐらい引っかいて、草取りしたと。

したれば秋になって、ずっぱり米が穫《と》れたんだと。稲つうのはな、草取りするとき田の中うんと引っかき回しておけば、水ん中さ風入るし、根っこもしっかり張って、米がいっぺ穫れるんだと。ほぉで姑おっかさま、「おらエの嫁は、田の草取りするときも力惜しみしねぇ。いい嫁だ、いい嫁だ」とうんと誉《ほ》めてくっちゃと。何やっても誉められるもんで、その嫁さま、出ていくきっかけつかめねえで、ずうっとその家で仲良く暮らしたと。

おしまい。

（福島県三春町・藤田浩子さんの語り）

だんまりくらべ

むがーしむがし、あったけど。

あっとこさ、貧乏なじさまとばさま、いだけど。あっとぎ隣の家《うぢ》から、どんぶりさいっぺぇ餅もらったど。

「いやぁ、餅なて何年ぶりだべなえ」

なんてじさまとばさま、しばらぐ見てたっけが、

「まず一個《ひとつ》ずつご馳走《つつお》になっか」って、小皿さ取って一個ずつ食べだど。

「餅て、こげにうめぇもんだったべが」って、「もう一個ずつ」「もう一個ずつ」って夢中になって食べったら、一つだけ残ったんだど。

じさまはばさまが「じさま、あがえ」ってゆうんでねえがと待っていたし、ばさまはじさまが「ばさま食え」ってゆうんでねえがと待ってたんだが、二人とも何にもゆわねんだど。とうとうじさまが、

「じゃんけんで勝った方食うごどにすっか」っつったら、ばさま、

「じゃんけんで勝つの、いつでも、じさまだもの。おら、やんだ」つうんだど。

「んじゃ　だんまりくらべだごで。先に喋《しゃべ》った方負げだぞ」

ばさまも承知して、さっそぐ始まったど。そのうぢ夜になってきたげど、黙ぁって顔見てるばっかで、晩飯の支度しろとも、すっからともゆわね。二人とも、飯も食ねで寝床さ入《へぇ》って、寝たふりしったど。

夜遅ぐなって泥棒きたど。大《おっ》きな風呂敷出してお仕事した後、餅見っけて、

「この餅、ご馳走になってぐべ」って手ぇ伸ばしたれば、ばさま慌てて、

「泥棒！　その餅、おれなだ！」ってゆっけど。泥棒、びっくりして、風呂敷投げて逃げでいったど。したらじさま、

「おれ勝ったな」って、パコッと食ってしまったど。

とーびん、と。

（山形県川西町・山路愛子さんの語り）

椿むかし

むがぁし、まずあったと。あるところに金持ちの長者様、おらったんだと。たいそう椿《つばき》の好きな長者様でなぁ。あっちの家《うち》にきれいな椿があるとゆうと、その木ぃ譲ってもらっては庭さ植える、そっちの家に八重の椿あるなんて聞くと、またその家さ行って、ゆずってもらう。

ほれだけでねえ。どこそこの泉の水、椿にかけると、花がきれいに咲くと噂《うわさ》ぁ聞けば、何人もの男衆《おとこし》雇って、その遠くの泉まで汲《く》みに行かせる。どこそこの山の土がいいと聞けば、その遠い山から土ぃ運ばせると。

そうやって椿の木ぃかわいがって、毎日毎日、庭歩いては、

「美しい花ぁ咲かせてくれよ、美しい花ぁ咲かせてくれよ」って、椿の

木ぃさすっていたんだと。

したが、なんぼ長者様でも、そんなことばぁりしてたもんで、次第次第に身上《しんしょ》傾いてしまった。雇い人は一人去り二人去り、そのうちには子供たちまで出てってしまう、女房《にょうぼ》は死んでしまう、たった一人になって、しめえには家財道具まで手放さねばなんなくなったんだと。

ほぉで、その長者様、年ぃ取って病にかかって、これ以上は生きていられねえというときに、その屋敷人手に渡して何《なん》ぱしかの銭もらったんだと。ほぉで庭さ行って、「おらぁ、この金渡す跡継ぎにも逃げられて、誰にも渡しようねえ。おめぇだぢが、おらの跡継ぎしてくれよ」と、ありったけの小判、一枚一枚椿の下に埋めて、儚《はかな》くなってしまったと。

何年かたって、その椿の葉っぱ、キラキラキラキラ小判の色に光り出したと。ほぉで花もなぁ、それまでは花びら散らしったんだが、長者様が「美しく美しく」ってゆってたもんで、醜くなった姿さらしてはいられねえと、きれえなまんま、花、ぽとっと落とすようになったんだと。

おしまい。

（福島県三春町・藤田浩子さんの語り）

こづゆの話

むがぁしむがしの話だ、これなぁ。

とっても器量よしの娘持った、父《とっ》つぁまと母さまいだど。いやぁ良い娘だがら、つうわげで、毎日あっちがらもこっちがらも仲人来んだど。父《と》つぁまと母さまな、「どうせくれんなら、金持《かねもっ》つまさくれっぺ」って相談したど。して、いいどごさくれんだがらって、箪笥《たんす》、長持、気ぃ張って立派なの拵《こしゃ》って、嫁にくっちゃったど。とごろが三日もいだら帰《け》って来ちまっただど。

「なんだ、にしゃ。早々《はっか》来っちまったのが」って、父つぁまど母《か》さま、がっかりしたど。んでも、たぁだ金持ちだがらってくっちゃったの、悪がったがなぁど思って、まぁしょうね、わげも聞かねで家《うぢ》さ置いだんだど。

器量良しなもんだがら、またあっちこっちがら仲人来んだど。娘、嫁さ行ぐつうんで、またくっちゃど。

ところが三日もいっと帰って来っちまうだど。また行って三日、長くたって七日、やっぱり帰って来っちまう。そうやって七回だど、花嫁んなったの。

七回めは、父つぁまと母さまな、

「なして、にしゃは帰ってきっちまうだ。見ろ、あの立派な箪笥、長持。七回も出たり入ったりしてるうぢに、角なぐなっちまったぞ。これ以上おらだづさ恥かかせねえでくろよ」。したら娘、

「あのなぁ、おら、祝言んどぎ食うこづゆ、うまぐってなぁ。祝言になっつど、あのこづゆ食われっと思うがらばっか、やめで来んだ」つったど。んで、母さま、

「にしゃな、こんだ休みさ来っとぎは正月だわ。正月には五升炊ぎの釜さ、こづゆいっぺ煮でおっから、よっぱら食ってげ。それがら盆に来っどぎぁ、またいっぺ作っておっから。やめて来ねえで、つとめでくろよ」つったど。

七回も嫁に行ったがら、こづゆは七種類のたね入るつうごどなんだど。

（福島県喜多方市・山田登志美さんの語り）

蟹の褌

むがーし。山西《やまにし》あだりに、お利口の足んねえ息子、いだったど。

その息子、原釜《はらがま》がら嫁ごもらった。なんぼ日かして、嫁ごの実家がらお使《つけ》えが来たど。

「新すい婿さんさ一杯あげっから、どうぞ来てけらえん」ってゆうんだね。

その日の朝、おどっつぁん、息子のごと心配だがら、こそっと陰さ呼ばって、

「原釜さ行ったればな、お膳さ蟹《かに》こ必ずつっこえられっから、その蟹こ食うどきは、褌《ふんどし》取って食うんだがらな」って語ってきかせだど。蟹の腹の、三角になってってっとごさ付いてんの、褌ってゆうんだね。したら

息子、

「ああ、いい。わがった、わがった」って出かげでいったど。

嫁ごの実家では、はじめて婿さん来るつうんで、ご馳走こしぇで待ってだ。海っぱただがら、蟹もうんと大《おっ》きいのデーンとあって、そのほがカレイの煮付けやら蛸《たこ》の刺身やら、家では食ったごともねえような立派な魚、お膳さいっぺぇ出さっちゃ。息子、喜んで、うめぇうめぇって食ったど。

そんで、いよいよ蟹ってごどんなったわげよ。息子、さっと立って、着物の裾ば広げて、我がの褌はずしたんだと。そうして、そいづ、丁寧にたたんで、お膳の向こうさ置いて、蟹こご馳走になったど。

息子、おお満足して家《うち》さ帰《けえ》ってきた。

「なんとも大したご馳走だった。おどっつあん言った蟹もでっけぇの出たがら、おら、褌取って、ちゃんと畳んで置いてきた」って、着物の裾、はしょって見せだんだど。

おどっつあん、呆《あき》れて、

「この馬鹿もの！　褌置いて来ただと！」って、ごっしゃいたれば、息子、

「だいじょぶだ、新すい褌しめてったがら」って言《ゆ》ったっけど。

（宮城県山元町・庄司アイさんの語り）

食いもの道楽の長者

むがーしむがし、あったけど。

むがし、あっとごさ大金持ぢの長者様えだけど。とっても食いもの道楽の長者様で、どげーだ遠ぐいどっからだて、んめものあるてゆえば取り寄せで、食っちゃ寝、食っちゃ寝してえだけど。

ほうしてるうづ、横だが縦だがわがんねほどコロコロ太ってすまたけど。風呂は下男下女に入《へえ》らせでもらうし、ころべば一人で起ぎらんねえし、一番困ったな、雪隠《へんつ》さ行ぐごどだけど。下《しも》の世話までしてもらうな、あんまり恥ずがしいさぁげ、

「おれどご痩せらせでくった人さ、ご褒美出す」て、おふれ出したど。

したどごろが、すこーでま医者だぢ集まってきた。ほうしていろんな薬飲ませっとも、さっぱり効ぎ目ねぇけど。ほしてるどごさ易者来て、

「おれ、医者ではねえども、手相見れば、なんとがなっかすんね」って、虫眼鏡みでなので手相見で、

「長者様、大変なごった。心の臓やらってっさげ、痩せる前に、こんでは命助からね。山の上の観音様さ、百日参りしてお願ぇしろ」てゆったけど。山の上ださげ長ぇ《なんげ》階段

あるども、長者様、命さかがわるごどだもんだぁげ、次の日がら階段登り始めだど。なにしろ縦だが横だがわがんねぐれ太ってるもんださげ、両腕ば下男下女でしぇめでもらって、後がら押つけでもらって、休み休み、ハアハアフウフウ、ようやっと登ったど。

毎日ほうやって登っていたれば、だんだん休まねでも登れるようになって、三十日、五十日と過ぎだでば、後《うっしょ》がら押つけでもらわねだて登るよえなったけど。九十日も越えで、百日なったれば、スカッと痩せできたけど。

んだぁげ、人じゅもの、食ってもええども、動がねば、でげねもんだ。

どんべからんこ、ねっけど。

（山形県真室川町・柴田敏子さんの話）

炭焼き藤太

I

むかし、都の中将の姫さまが、まあ色は黒いべし器量は悪いべし、困ってしまったと。ついてた乳母が鶯《うぐいす》のクソ付けてやっても、小糠《こぬか》で磨いてやっても、さっぱり白くなんね。

こんでは嫁にもらい手はねえなあと思ったもんで、拝み屋さまに拝んでもらったった。

「ここから五百の川を越していった先に、炭焼きの藤太という者がある。それが姫さまの相手なんだ」と、こうゆわれた。

それで乳母は、姫さまと手ぇつないで、みちのくの方に旅していったんだと。そうして川を一つ二つと数えて越えていたっけが、ちょうど五百の川に来たとき、年取ってた乳母は、病に倒れてしまった。

「あのなあ姫さま、ここが五百番目の川だから、ここ上っていってみらっしゃい。そこに藤太とゆう男がいるわけだがんな」とゆって、はかなくなってしまった。

姫さま、今まで乳母に頼って来たげっとも、今度は一人で、橋を渡っていってみたんだと。したっけが川っぷちで色黒い男が米とぎしていた。ほうで、「あの、おめさんは炭焼きの藤太とゆう者か」とゆえば、「ああ、そうだ」つう。「藤太とゆう者と連れ添うようにって、お告げあって、都から来たんだ。嫁にしてくなんしょ」

そしたら藤太、困ってしまった。「おれ、貧乏で、嫁なんて迎えるわけにいかねんだ」「いや、おめの嫁さまになるために、五百の川越えて来たんだから」と熱心にゆえば、まあ見れば見るほど真っ黒い顔してっから、これぐらい黒ければ炭焼きの嬶《かが》にしてもいいかなあと思って「ほんじゃあ」って嬶にしてやったんだと。

Ⅱ

都の姫さまが、炭焼き藤太の嬶になれというお告げ聞いて、五百の川を越えてはるばるやって来たんだと。

藤太、その晩はありったけの米炊いて食わせたんだげっと、次の日になったれば何にもねえんだと。

「この炭しょって行って、ちっと米買ってくっから」とゆえば、嬶、懐から黄金《こがね》出して、

「これ持ってけば、米でも味噌《みそ》でも何でも買えるがんだから、買ってきてくなんしょ」とゆったんだと。

藤太、それ持ってしばらく行ったっけ池があって、そこに鴨《かも》がいた。

「せっかく嫁もらったのだもの。あの鴨で、鴨鍋こしゃってやったら喜ぶんでねえがなあ」と思って、手頃な石がなかったもんで、預かってきた黄金の粒、パッとぶつけてみた。したっけが三つもらったの、三つとも当たんねがったんだと。

そんで仕方ねくて、少しばっかの炭で、少しばっかの米買って戻ったと。

「なんだ、これだげが」

「いや、鴨取っぺと思って、もらったやつぶつけだっけが、池に落っこっちまったわ」

「あれだけあったら何でも買えるつうのに。黄金の価値わがんねえのがよ」

「なぁに、あんなもの。炭焼き窯んどごに、なんぼでもある」

まさかと思ったげんと、連れてってもらったっけが、ほんとに炭焼き窯のまわりはすっかり黄金だったんだと。

「いやぁ、これは大したもんだ」って、少しずつぶち欠いては町さ持っていき、ぶち欠いては持っていきして、大した金持ちになった。

その炭焼き藤太が、のちの金売り吉次なわけだ。都から五百の川を越えて来たんで、五百川って地名になった。郡山の五百川ね。

おしまい。


（仙台市太白区・佐久間クラ子さんの語り）

※第１章のエッセー「神様の縁結び」の題材となった話の一つ。

5 幸せはどこにある?

かじか屏風

I

むかーしあったと。あるとき、長者屋敷が屋敷仕舞《じめえ》になってしまった。人のいい長者さま、悪い奴に騙《だま》されて、たぁんとあった田んぼも畑もみぃーんな取られて、残ったものといえば、奥の山の杉山ひとつだけだったんだと。

蔵の中にあった親父さまから伝わった書画骨董《こっとう》、道具、みんな売り払って、たった一つ何の値打ちもねえような白張《しらば》りの屏風《びょうぶ》、一枚あっただけだったと。

いやぁ、これからなじょして食っていったらいいものか。仕方がねえ、奥の杉山売れば米の代《しろ》ぐれぇにはなるかなぁと思って、奥山訪ねていったんだと。

夏の暑い日盛りで、峠越えて越えて奥山へ行ってみたれば、たいそういい杉の風が吹いてる。そこは河鹿《かじか》沢とゆって、河鹿がコロコロコロコロコロいぃい声で鳴いているんだと。

そこにあった岩に腰を下ろして汗を拭いて、河鹿の声聞いてた。

「ほんにこの山は、おらのじさまが大事に手入れしてた山だった。おらが七つ八つの時分、よーく連れてきてもらったなぁ。この山はな、おめにくれる山なんだからな。おめ、大人になってこの山売っときは大した銭になるんだから、この山売って蔵ひとつ建てるか二つ建てるか、おめの裁量次第だぞ。おめにくれるんだから大事にしろ。そうゆって手入れしてた。それがなんだ、じさまが残したもの、みーんな売り払って、この山も今売らなけりゃなんねとなってしまった。なさけねえもんだなあ」

そう思いながらコロコロコロコロ河鹿の鳴く声聞いてるうちに、とろとろと居眠りしったんだと。

したっけが急に
「もうし、もうし、旦那さま」と起こす声がある。目ぇあけてみれば年寄りがいるんだと。

Ⅱ

屋敷仕舞になった長者さま、財産みんななくなって、奥の杉山と、何の値打ちもねえ白張りの屏風しか残らなかった。杉山売るしかねえと行ってみたところが、河鹿の声を聞いているうちに眠ってしまった。年寄りに起こされたんだと。

「おらぁ、この沢に住まわせてもらっている河鹿の親方なんだけっと、この杉山、どうぞ売らねでいてもらうわけ、いがねぇもんだべか。この山売られれば木ぃ切られて、おらたち困ってしまう。なんとが考えてもらわれねぇもんだべが」

そうゆうんだと。はっと目ぇ開いてみれば、じさまの姿はなくて、沢の中でコロコロコロコロ河鹿の鳴き声が聞こえるだけであったと。

「そうか。ここには河鹿がうんと住んでるんだ。おらだけの勝手で、売ることはできねえわなぁ。この山売らねぇなら、今住んでいる屋敷、手放すほかねえ。屋敷ねえったって木小屋に住むことはできるんだから」

そう思いながら山を降りていったと。

その晩のことであった。長者さま、売れ残った煎餅布団にくるまって寝ていたっけが、夜中に、ピタッピタッと足音のようなものがするんだと。朝になって目ぇ覚まして、たまげてしまった。座敷の中、河鹿蛙《がえる》の足跡だらけなんだと。

そうして枕元にあった白張りの粗末な屏風に、河鹿の絵が描かってるんだと。しゃがんで下見てる河鹿、上見て口あいてる河鹿、歌うたってる河鹿、まぁ泳いでる河鹿から相撲取ってる河鹿まで、様々な河鹿がまるで生きてるように見事に描いてあった。

そうか、この足跡、杉山の河鹿がここまで来て描いてくっちゃんだわ。そう思っていたれば河鹿が鳴き出して、杉山の杉の風がすうっと吹いてきた。いやぁ気持ちがいい。長者さますっかり嬉《うれ》しくなって、河鹿の声聞いて、杉山の風に当たっていたと。

Ⅲ

屋敷仕舞になった長者さま、たった一つ残った杉山を、河鹿に頼まれて売るのをやめにした。その晩、杉山の河鹿が屋敷へ来て、みごとな河鹿の絵を屏風に描いていったんだと。その絵と一緒に、河鹿の鳴き声が聞こえて、涼しい風が吹いてくる。

それ近間《ちかま》の人たちが聞いて、

「河鹿の声聞かせてくなんしょ。風に当たらせてくなんしょ」と訪ねてくるんだと。

来ればお礼に、米持ってきた味噌《みそ》持ってきた、大根持ってきた芋持ってきたと、分相応に何かしら持ってきてくれる。長者さま、銭なんて一文もなくても食っていかれんだと。

「ああ、ここに来れば寿命延びるようだ」と、みんな喜んで帰っていく。だんだんその評判が高くなって、殿様の耳にも入ってしまった。

したれば殿様、

「その河鹿屏風とやらを召し上げて参れ」。

家来の衆がやって来たと。

「殿様のお召しだから、その屏風を寄越せ」

「いや、これは河鹿がおれを慰めるために

描いてくっちゃんだ。献上するわけにいがね」とゆったんだげっと、侍とゆうのは我がより偉いものはねぇ。

「そうゆうことは聞かれん」とゆうと、やおら河鹿屏風を畳んで、脇に抱えてタッタと行きはじめた。したらその侍の足元に、ベタベタベタベタ何やら黒いものが落ちる。屏風あけて見たれば何にも描かっていなくて、もとの白張りの屏風になっていたんだと。

そうしてふっと気付いたれば、屋敷中の襖《ふすま》という襖に河鹿の絵が描かっているんだと。その河鹿がまたコロコロコロコロコロといぃい声で鳴けば、涼しい風が吹き渡るんだと。

ますます人が訪ねてきて、屋敷仕舞んなった長者さま、河鹿長者と呼ばれてもとの長者屋敷に立ち返ったと。

おしまい。

（仙台市太白区・佐久間クラ子さんの語り）

竜宮から来た嫁

むがぁしむがし、貧乏な若ぇ男《わげ おどご》いだったなど。花採ってきて、町さ売り行って暮らしてだっけが、売れねどぎは「竜宮の乙姫様さ上げます」って、海さ流してくんのだったど。

あるどぎ海っぱたで、ほげして花流しったれば、亀出はってきてな、「乙姫様がお礼しってぇ、ってゆうがら、むげえ来たなだ」ってゆうなど。亀さ乗って竜宮まで連れでいがって、乙姫様にいっぺ御馳走《ごっつお》なったけど。

「お土産けでやってけっども、何いがべ」って聞がったがら、
「おれ一人暮らしださげ、嫁ッコ欲しな」ってゆったど。ほしたればな、
「んだら嫁ッコけでやっさげ。んでも約束したごどは、ぜって守らねげなんねがらな」ってゆわったんだど。

ほんで貰《もら》ってきたべ。器量はいいべし、よっく働ぐし、ほの男喜んで、仲良ぐ暮らしったなど。んだげっと、
「座敷の真ん中さな、タライさ水汲《く》んで、誰も見ねえように屏風《びょうぶ》で隠して、一日に一回体洗わせでけろ。これがおれの約束だ」ってゆうのだっけど。初めは「ほだごど

かまわね」ってゆったんだが、だんで不思議なってな、

「毎日水浴びする、体洗う。座敷の真ん中で屏風立てで水浴びするって、何だべ」ど思って、覗《のぞ》いで見だんだど。したっけが一匹の大っきな鯛がよ、タライの中でゴチャゴチャ泳いで体洗ってんなだど。

男は黙ってだげんとも、女、

「おめ、約束破っておれどご見だべ。見らったでは、いらんねさげ、おれ帰っさげわな」って、海が荒れった波の高ぇある日、いねぐなったなど。男、青ぐなって探したげんと、嫁ッコ着った着物、海辺さ脱がってだだげだっけど。

どんべすかんこ、ねっけど。

（山形県新庄市・斎藤シヅエさんの語り）

板颪峠の狐岩

I

むかーし、秋保の長袋にね、作太《さくた》って若い者が住んでたんだと。お父さんに死に別れて、病気のお母さんと、妹と、三人で暮らしてたんだな。

庄屋さんから馬ぁ借りて、秋保の炭を仙台ご城下の八幡町まで運んで、近所から頼まれた買い物なんかもして、なんとか暮らし立てていたったんだと。

苦労は多かったんだげっと、八幡町の問屋におふみちゃんて二番目娘がいて、行けばね、

「作太さん、ご苦労さん」って、お茶ぁ出してもらえる。

それが嬉《うれ》しくて、毎日朝早くから夕方遅くまで、時には山寺までも行って稼いでいたんだと。

ある日の夕方、馬子唄を歌いながら、馬の背中に乗って帰ってきた。板颪《いたおろし》の峠まで来たら、なんだが道ばたでゴソゴソって動くようなものいたんだな。しっしって追《ぶ》っても逃げないから近寄ってみたら、年取ったキツネ、喉から血ぃ流して、もがいてるんだと。

「なんだ、おまえ。トンビにでもやられたのか。だいじょぶなのか」

　声かけたらね、なんか馬の背中の方見るんだって。生イワシ、問屋のおかみさんから「今日帰ったら、お母さんと食べるんだよ」ってもらった生イワシね、それをちらりちらり見るんだって。

　作太、傷の手当てしてやって、

「おまえ、イワシ食べたいのか。そんで食べろ」って、一匹食わせ、二匹食わせ、三匹ぐらい食わせて、

「おなか一杯んなったら帰れるべ」って言ったら、こくんとうなずくんだって。

　んでも立とうとするんだげっと立たれない。作太は馬に乗っけてね、キツネの家のありそうな山の奥まで送っていった

と。

そんで、そこで降ろして、その日は帰ってきたんだと。

Ⅱ

秋保の炭を仙台の八幡町まで運んでた作太って若い者、板颪峠のとこで年取った狐《きつね》を助けたんだと。

何日か過ぎたある晩、夜更けにふっと目が覚めた。そうしたら枕もとにきれぇな女の人が座っていて、

「こないだ板颪峠でお世話になった狐の、わたし、娘です」って言うんだって。

「うちのお父さん狐、とうとう助かりませんでした。作太さんにお礼したいって、死ぬ間際に言ってたんです。峠の近くに松の木があるから、その根もと掘ってみてください。金櫃《かねびつ》(金箱)が埋まってますから」って、その松の木のこと説明するんだって。

作太、びっくりして、

「お礼もらいたいから世話したわけじゃない。そんなの、いいんだから」って言ったんだけど、

「作太さん、毎月九の付く日にお参りしてくださいねぇ。父は死んだけど、松の木の

根もとに岩になって、今もいるんです」って、パッと消えてしまった。

夢を見たのかと思ったけども、次の日、峠まで来たとき、

「確かこの辺から入れって言われたなぁ」って行ってみたと。

そうしたらほんとに古い松と岩があって、その根もとを掘ってみたら金櫃が出てきたんだと。

「ああ、正夢だったんだ」って、あけてみたれば、大判小判がびっしり入っていた。

ありがたく持ち帰って、近所の人たちにも分けてあげたと。

それから岩のところに立派なお社を建てて、狐が死んだ九の付く日には必ずお参りした。

問屋のおふみちゃんをお嫁にして、みんな仲良く、幸せに暮らしたんだと。

今でもね、動物をいじめるような人が板嵐峠を通ると、金縛りにあうんだって。

おしまい。


（仙台市太白区・村田真一さんの語り）

岩屋の女

I

むがーしむがしなぁ、あるどごに、若ぇ男《わげおどこ》いだったど。嬶《かが》もわらしもある男だったんだが、ろぐに稼ぎもしねでごろごろしてるがら、大した貧乏暮らしだったど。

ある年の暮れ、あだりの人だぢな、正月の支度のもの買うどって町さ行ぐんだったど。その男、「おれも行ぐが」なんて付いてったけど。なに、人《しと》集まるどごさ行げば、銭《じぇん》この一枚《いぢめえ》も落ぢでんべし、てなぁ。

市がずうっと並んでで、人もずっぱり集まって賑《にぎ》やがだっけど。そごさ行って、「何が落ぢでねがなぁ。銭この一枚も落ぢでねがなぁ」って一所懸命下見で歩いでだげっと、なんにも落ぢでねんだど。

どごまでも下向いで歩いでだっけが、いづのこまにか町のはずれまで出でしまったっけど。そごさ立て札立ってだっけど。その男、たまたま字読めだんで、読んだづもの。

「銭金《じぇにかね》欲し者、ここ真っ直《す》ぐ来《こ》」って書いであったど。

「あやぁ、いいごどもあるんだなぁ」って、そご真っ直ぐ行ってみだど。したっけまた立て札あって、「ここだ」って書いてんだどな。

「ここだ、つうがら、どれ」って見だれば、大きな岩あって、穴っこ開いったっけど。して、ずうっと奥《おぐ》の方さ、桃色の明かりっこ、あったっけど。

「あそごだべが。行ってみっか」って、薄っ暗ぇ中《なが》、手さぐり足さぐりして、そろっそろっと行ったど。したらその明かりっこの前さ障子立ってだっけど。

「ごめんしてがいん、ごめんしてがいん。銭こけるの、ここなんだべが」つったら、

「はい。んだす」って女の人の声して、障子ツツツツーッて開がったど。桃色の明かりっこの中さ、見だごどもねえようなきれぇな女《おなご》の人、なよーとしてなぁ、

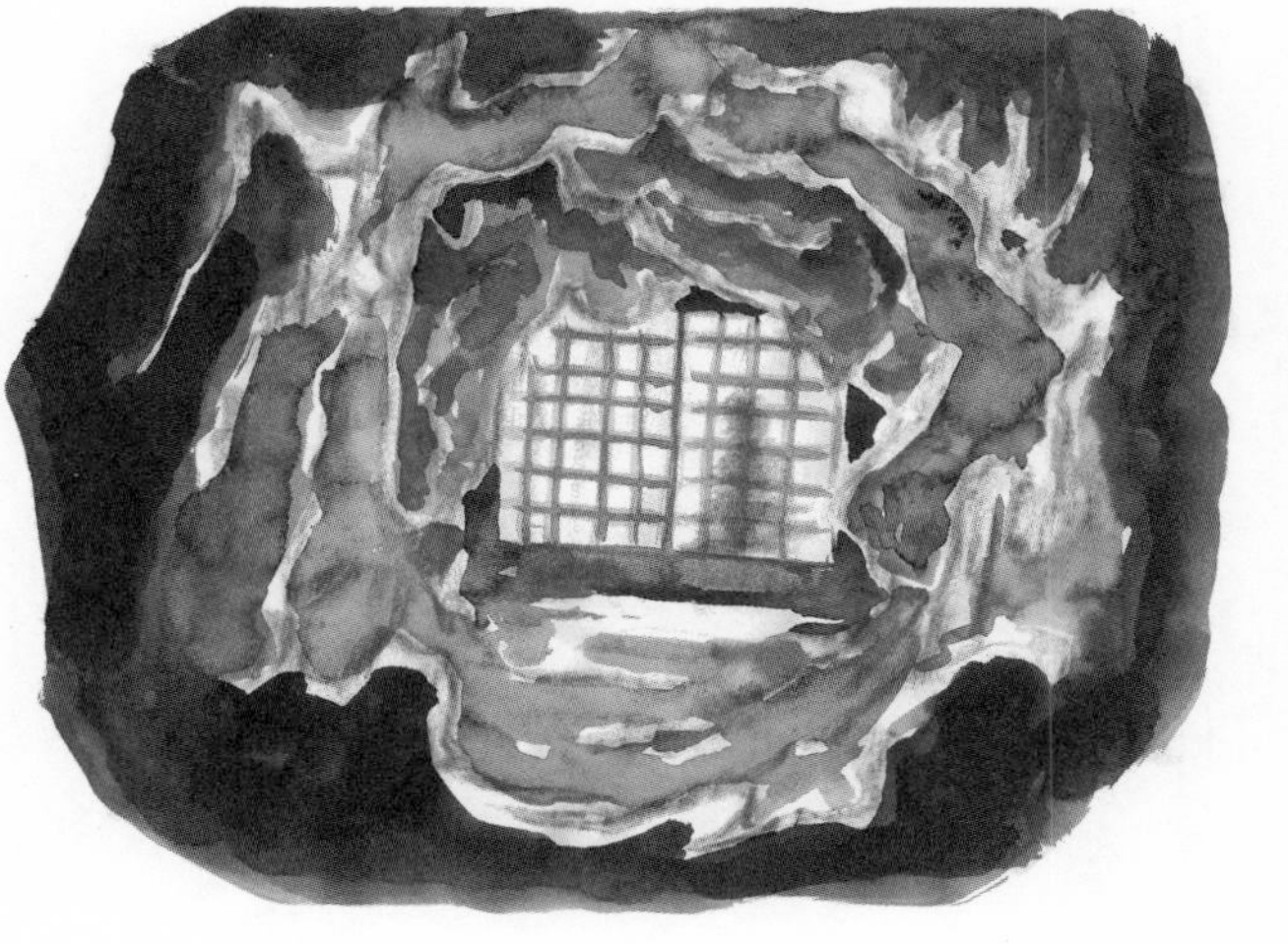

「いぐ来てけでなんす」って、頭っこ下げんだど。

Ⅱ

稼ぐの嫌《やん》だ男、「銭金欲し者、こごさ来」って立て札見っけで、喜んで穴ん中さ入《へ》ってったど。したら桃色の明かりっこの中さ、きれぇな女の人座ってだんだど。

「おれ、銭こ欲しぐて来たども、ほんとに銭こ、けでけんのがぁ」って聞いだっけが、その女の人、

「んだす、んだす。んだども、せっかぐ来てけだもの。まづ中さ入って休んでけさい」って細こい手っこすうっと伸ばして、その男の汚ぇ手引っ張るんだど。して、見だごどもねぇご馳走《つつおう》いっぺに運ばれできて、

「さあ、これ、食ってたんせ」ってうめぇご馳走《つつおう》食わせらって、酒っこもつがって、いい気んなってコクコクコクコクって飲んだど。朝方から歩ってで、くたびれだもんだがら、とろっとろっと寝でしまったど。

次の朝間んなって、「家《うぢ》の人だぢ心配《しんぺ》してっぺなぁ」ど思ったんだげんと、あんまり良いどごなもんだがら、「なに、もう一晩ぐれ良《い》がんべ」ど思って、もう一晩泊まったど。

三日目の朝間んなって、さすがその男も、

「んじゃ、おれ、そろそろ帰るがら」ってゆったど。したらその女の人

「帰らねでけれ」ってゆうんだど。

「おらいの人だぢ、心配してるべしなぁ。んでも銭こさえ渡してこえばいいのだがら。銭こ渡したら戻って来るがら」ってゆったれば、その女の人、

「そうゆうふにゆって出でって、戻った人、一人もいねんだから、帰らねでけれ、帰らねでけれ」って、およよど泣ぐんだど。

「いや、必ぁず戻ってくるがら。とごろでその銭こ、どごさあんのや」って聞いたんだど。その女諦めたがして、

「銭こなの、庭さ出で掘れば、なんぼでも出でくる。好ぎなだげ持ってってがいん」って、ゆうんだど。

Ⅲ

稼ぐの嫌だ男、銭こ欲しくて、岩屋の穴さ入っていったれば、きれぇな女にご馳走出されで、銭こなの、庭さなんぼでも埋まってるってゆわったんだど。

男、さっそく庭ば掘ったど。したらジャラジャラジャラジャラ出でくんだど。男、

カマスさ担《たが》げるだげ銭こ入れで、しょって、「んで、戻ってくっから待っててけれな」って、来た道、帰ったんだど。岩の穴がら、ふぃっと外《そど》さ出たれば、見だごどねぇ町なんだな。おがしなぁ、んだげっと、間違《まぢが》うはずもねぇなぁ、ど思いながら、どごまでも歩ってったっけ、大《おっ》きい松の木みっけだっけど。

「あぁ、これなば見だごどある。へば、おれの家《い》、このあだりのはずだなぁ」って見だら、貧乏くせぇ家あって、ばさまいだっけど。聞いでみだれば、そのばさま、うんと首ひねってな、

「あぁ、そういえば、おらいのばさまがら聞いったなぁ。正月の用意買いさ行って戻ってこね男いで、家の人だぢ、たいした

困ったもんだど。だいーぶむがしの話だぁ」

さあ、その男、がっくりしてしまったど。一晩か二晩泊まったはずが、なんと、百年も二百年もたっていだんだいが、ど思って、

「ばさま、そんで、おれの家の墓所《はかしょ》あるべぇ。どごだが覚《おべ》でだがなぁ」ったら、ばさま、

「ああ、この先ずうっと行ったどごだ」ってゆっけど。

んで、その男、銭こ担いで　とぼとぼど行ったど。草ば掻《か》き分けて奥の方さ行ったれば、百年も経《た》ったような苔《こけ》むした石こ、あったんだど。かがんでようっく見たれば、戒名らしいの書いであんだど。

そのどぎ大っきな声したっけど。

「この親父、なに、いづまで寝でんのだべ」

びっくりして目ぇあいだら、嬶、ごっしゃいでそごさ立ってだっけど。その男はな、昼寝してで、長ぇ長ぇ夢見でいだったんだど。

どんとはれ。

（仙台市太白区・菅井清子さんの語り）

相善神社の話

むがーし、京都の身分の高いお公家様に、きれえなお姫様あったんだど。このお姫様が、大臣様にお嫁入りすっこどになった。まわりは喜んだんだが、飼ってだ馬が落ち着かねえんだそうだ。実はこの馬とこのお姫様、うんと好きあっていたんだど。ある晩、お姫様、夢にこの馬ば見て、馬の子ども、お腹《なか》に宿してしまったんだど。お公家様、かんかんにごっしゃいで、「そったな馬、殺してしまえ」って命令したんだが、馬、荒れに荒れで、殺しに行った侍どもば反対に喰《く》い殺してしまうんで、手ぇつけらんねがったど。お姫様は小《ち》っこい船で海さ流さってしまった。

何日も何十日も海ばさまよって、着いたところが奥州の今神《いまがみ》浜。糠塚権太夫《ぬかづかごんだゆう》っつう、土地の大《おお》百姓に助けらった。糠塚権太夫、お姫様が赤んぼ宿してんのわがって、日当たり良え高台に小屋建てて、お世話する人まで付けで住まわせでけだんだど。

そのうぢお姫様、赤んぼ産んだんだが、何日《なんぼにち》たっても赤んぼ見せらえねぇんだど。「お産したばりで体弱ってっがら、もうちょっと経《た》ってがらの方、いいんでねえすか」って、もうちょっと、もうちょっと、って、いつまでも見せらんねえ。そんでお姫様、「我《わ》がの産んだ赤んぼだもの、少々のごどあったっていいがら、どうぞ見せでけさいん」って、うんと頼んだんだど。んでは、ってごどで、お世話してくれでた人がお姫様ば池の上の方で待たせて、自分は赤んぼ抱いて池の下さ来て、「水面ばご覧ください」って、池の水さ映して見せたんだど。

したら、なんと、その赤んぼ、首から上が馬の顔だったど。お姫様びっくりして、そのまんま倒れて息ひきとってしまった。赤んぼもじきに死んでしまったんだど。

土地の人だち可哀相《かわいそう》に思って、二人ば神様どして祀《まつ》ったんだね。お姫様ば葬ったどこは母山《ははやま》、お母さんの山だね、母山ってゆったげんと、今は羽山《はやま》神社って呼ばってる。子ども祀ったどごが相善《そうぜん》神社で、こごは馬の神様でもあるし、五穀豊穣の神様でもあるんだねぇ。

（宮城県山元町・庄司アイさんの語り）

七日七晩飛び続けた玉

I

むがーし。鬼ヶ柵ってどこに、正作さんつう鉄砲撃《ぶ》ちの名人いたんだと。お正月のご馳走《つつうお》とゆうと、その人に頼んで山鳥だの雉《きじ》だの取ってきてもらわねえとはじまんねえ、つうぐらいの名人だった。

ある年の暮れ、お正月も近付いたから、正作さん、山鳥でも撃ってくっかと思って、鉄砲担いで山さ行ったんだとね。

うちの方では、雑煮のダシつうと山鳥なんだな。んで、山鳥探しったんだが、目の前に鹿が出てきたんだと。

鹿ったら、大ものだがらね、「しめたっ」つんで、とっさに鉄砲構えて、ダーンと撃ったんだと。

名人だし、距離も近かったから、はずしっこねえんだね。

鹿、バタっと倒れたんだと。

行って持ってくっぺとしたんだげんと、撃った玉が鹿をつん抜けて、向こうの山の杉の木さ当たったんだね。そうして杉の木で跳ね返って、こっちの山の松の木さ当たったんだと。そうしてまたパカーンと跳ね返った。

鬼ヶ柵つうのは、山と山にはさまれた、谷あいの細長い土地なんだな。その、あっちの山の大っきな杉の木と、こっちの山の大っきな松の木の間、玉がパカーン、パカーン、行ったり来たりしてるわげよ。

鹿は倒れてるし、行って取ってくればいいんだげんと、危なくってとっても行かれねえ。そのうち玉も落ちっぺと思ってしばらく見ったんだが、いつまでたっても落ちねえんだと。「仕方ね。明日んなれば落ちっぺから、明日取っさくっぺ」と思って、その日は家《うぢ》さ帰ったんだな。

次の朝行ってみたれば、玉の勢い、ぜんぜん衰えねえで、相変わらずパカーンパカーンやってるわげよ。

「これ、今日も駄目だな。明日にすっぺ」って、その日も帰ったんだと。

Ⅱ

鉄砲の名人の正作さんが、鹿ば一発で仕留めたのはいいんだが、その撃った玉があっちの山の杉の木さ跳ね返ってパカーン、こっちの松の木さ跳ね返ってパカーン、危なくて、とっても、そご、通られねえ。

三日たっても四日たってもその通りで、村の人だぢ、みんな、そご通らんねえんだと。

とうとう契約吟味《けえやくぎんみ》にかがってしまった。むがしの裁判みてぇなもんだね。

村のおもだった人だぢ集まって話し合うんだが、どんな法律よりも厳しいの。村に住んでるかぎり、これには絶対《ぜってえ》したがわなくてない。

「七日も前に撃った玉、いまだに落ちねえつうごと、あっか。じきお正月来るつうのに、これでは畑さも行がれねえ、年貢納めさも行がれねえ。撃った奴に責任取ってもらわなくてねえ」

むがしは何でもツケで買ってきて、お盆前とお正月前にまとめて金払ってたがらね。そご通られねえとなると、お正月もできねえわけだ。

「撃った奴が責任取れ。おめが撃ったんだから、おめ、玉に当たって死んでもしゃぁねえがら、なんとがしろ」

みんなにゆわって、さすがの正作さんも困ってしまったと。そごさ行ってみたれば、玉、相変わらず、あっちの杉の木とこっちの松の木の間で、パカーンパカーンやってる。

なんともしゃあねえがら、家がら雪掃ぎ板持ってきたと。杉の木で跳ね返ってくる玉めがけて、雪掃ぎ板パタッと立てたれば、玉、その雪掃ぎ板にぶつかって、ポロッと落ってしまった。

そうして鹿のどごさ行ってみたれば、鹿だけでねくて、雉だの猪《いのしし》だの山鳥だの、そご通ったやづ、みな玉に当たって落ってたんだと。

そいづ、全部しょってきたと。

んだがら、果報は寝て待て、ってね。

慌てることはねえの。のんびり構えろってごどっしゃ。

（宮城県丸森町・鈴木悦郎さんの語り）

すりつくぞすりつくぞ

ずうっとむがし、おじんつぁんとおばんつぁん、あったんだと。おじんつぁんは杉林の向ごうの畑仕事して、おばんつぁんは団子作って持っていぐんだっけと。

ある日おばんつぁんが杉林通ったれば、「ばば、ばば、すりつくぞー」ってえらぐおっかねえ声、聞こえできたんだと。おばんつぁん動転《どてん》してね、

「この団子あげっから、ごめんなしてけさい。この団子あげっから、ごめんなしてけさい」って、団子半分置いで、わらわら逃げできたんだと。毎日そいなぐ言われっから、毎日団子半分置いで、走って通ってだんだと。

おじんつぁんが、このごろ団子少ねなぁと

思って、聞いてみたんだと。おばんつぁんがわけ語ったから、「悪いごどしてるわげでねえ。団子なの置いでくっこどねえがら、『すりつきたかばすりつけぇ』って語れ」って教えたんだと。次の日また、「ばば、ばば、すりつくぞー」って叫《さが》ばれたんで、おばんつぁん今度は、「団子も何も置がねぞー。すりつきたかば、すりつけー」ってゆったれば、体中さ大判小判がべたべたすりついてきたっつも。おじんつぁんとおばんつぁん、たちまち福しくなったんだと。

それ聞いた隣の欲たがり婆《ばん》つぁんが、爺《じん》つぁんの尻《けっつ》はだいて、ぎりぎり出してやったんだと。そうして御馳走《ごっつお》作って、杉林通っていったと。まだだべか、まだだべか、って思ってるうち、

「ばば、ばば、すりつくぞー」ってゆわったがら、一声かげらったばりで、

「すりつきたかば、すりつけー」って叫んだっつも。したら、べちゃっと音して、杉ヤニがべったりすりついてきたんだと。んだがら欲たがりはするもんでないって。

えんつこもんつこ、さげた。

（宮城県栗原市・佐藤玲子さんの語り）

子狐の小袋

I

むがしむがしな、萩野の水瓶《みずがめ》ってゆうどごさ、人のいーいばさま、えだけど。人がら頼まれっと何でもやんだって言わねで「ああ、でやでや」って聞いてけるんだっけど。むがしの言葉で「はいはい」ってな。

ある年の春、そのばさま、山見だれば雪消えできったさげ、

「そろそろアイコ出でんでねぇべがな」って行ってみだっけ、やっぱり出っただど。一所懸命取ってきてな、夜、たばねで、次の朝間早ぐ起ぎで、新庄の町まで売りさ行ったど。吉沢過ぎたあだりまで来たれば、

「ばさま、ばさま」って声すんなだど。前見でも後見《うっしょ》でも誰もいねがら「耳のせいがな、水の流れる音がな」って、まだも歩く勘定《かんじょ》したれば、藪《やぶ》の中がら、狐《きづね》の子ッコ顔出してだっけど。して、

「ばさま、町さ行って、うめっこ買ってくんなだべ」ってゆうのだけど。

「んだ。冬うぢ食って何もねぐなったさげ、アイコしょってったな売って、そのお金で買ってくんなよ」

「んだら、ばさま、おれさもうめっこ買ってきてけろ」

「でやでや、買ってきてけっさげ待ってろな」

　ほして町さ行ったれば、初物《はづもの》だったがらが思いがけねぐ高ぐ売れだど。冬うぢ食って何にもねぐなったさげ、まづ油だの醤油《しょうゆ》だの自分の食うもの買ったど。

　銭少ししか残んねがったな、

「あ、狐の子ッコさお土産頼まったたな」

　何いがべなって考えで、狐じゅもの油揚《あぶら》げ好きだて聞いったがら、油揚げ一枚《めえ》買って、藁《わら》さ通して下げてきたけど。

「狐ッコなの、忘《わせ》でいねぐなったがもしんねな」ど思って行ったれば、

「ばさまばさま、買ってきたがや」って出て来たど。

人のいいばさま、町さ青物売りさ行く途中で狐の子ッコに「うめもの買ってきてけろ」ってゆわって、油揚げ買ってきたど。

「ほらほら、買ってきたぞ。食《け》え食え」って油揚げつんだしたど。

狐の子ッコ、ばさまの顔見ったけが、ぱこっとくわえで、頭ぺこっと下げて、藪さ入《へ》ってったなだど。

「あらら、めごいちゃ、めごいちゃ。お礼言うなて、狐づもの、めんこいもんだなぁ」って、ばさま喜んで帰ってきたど。

ほして次の日また山さ行って青物取って、売っさ行ったれば、また狐ッコいで、

「ばさまばさま、また買ってきてけろ」ってゆうがら、

「ああ、でやでや。買ってくっさげな」って、ばさま、また油揚げ買ってきたど。またぱこっとくわえて、おじぎして藪さ入ってってたど。

ほれがらワラビ売ったりミズ売ったり、山の物売りさ行くたんび、いるなだど。当だり前《めえ》の人だら、なんたらうるせごどって思うなだべ。んだげんとも人いいがら、

「ああ、狐のめご、まだいだな。でやでや、買ってくっさげな」って、いづのまにか「狐

のめご」なってしまってよ、そのたんび買ってきてけったど。

ほのうぢ秋になって、ナメコもあるうぢ取って、枯れでしまってよ。栗コも干したのしかねぐなったど。しばらぐ行がねがったげっと、冬越しするもの買ってこねくてねぇがら行ったれば、まだも出できたなだど。

また買ってきてけろって言うがら、油揚げ買ってきてけったど。して、「あのなぁ、めごや。山がら取るものねぐなっては、来年の春、雪消えるまで来れねぇさげ、冬うぢ体気ぃ付けで元気でいろよ」ってゆったなど。

狐ッコ、くわえった油揚げ置いで、ばさまの顔じいっと見ったけが、「ばさま、おれ、ばさまにずっとうめっこ貰《もら》ったさげ、お礼すっから待ってろな」って、藪さ入ってったなど。

Ⅲ

人のいいばさま、狐ッコに頼まれるたんびに油揚げ買ってきてけったげっと、冬になって山がら取れるものもねぐなって、来年の春まで来ねえってゆったんだど。したら狐ッコ、ちょっと待ってろって藪さ入っていったど。

出はってきたな見たれば、狐の皮の色したちちゃこい袋コくわえてきたっけど。

「ばさま、ばさま、今までのお礼に、これ、けってやんながんな。ほでもな、忘れねぇでその袋コさ銭入っておげよ。銭入っておぐどな、なんぼ使ってもねぐなんねさげな」って教えんなだど。ばさま、ホントだが嘘《うそ》だがしゃねども、せっかぐ貰ったんだがら、

「ありがどな、めご。春んなったらまた来っさげ、体気ぃ付けで元気でぃろな」って家さ帰ってきたど。

　春がら買い物した残りの銭、升さ入れで神棚さ上げでおいったのな。そいづ降ろして今日の残りど合わせで勘定して、

「ああ、狐のめご、これさ銭入っておげってくったなぁ」って袋コさ入ったど。そのうぢ村の人、

「さんげさんげのお賽銭《さいせん》」って集めさ来たがら、そっから銭出してやったど。ついでにお正月の糯米《もちごめ》も買ってきて、残った銭また小袋ッコさ入れっぺとして、

「ああ、なんぼなんぼ出したがら、なんぼしかねえわなあ。冬うぢ間に合わせなんねなぁ」って勘定してみだればな、お賽銭出してやった分も、糯米買った分も、みな入ってで、減らねのだど。

「あらあ、なんたら狐のめご、銭減らねってゆったっけが、この通り入ってるっちゃ。ありがてちゃ、ありがてっちゃ」って拝んでしまったどわ。

してその袋コのおかげでな、それがらばさま、あんまり難儀しねたっていぐなって、長生ぎして幸せに暮らしたっけど。

どんびすかんこ、ねっけど。

（山形県新庄市・斎藤シヅエさんの語り）

6 不思議な力、庶民の知恵

屏風から飛び出たからす

I

とんとむがし、あったどやれ。

山の中の寺に、和尚《おしょ》さまと小僧《こぞ》ッコ、二人コで住んでてあったどやれ。

あるどき、和尚さまが法事に行って帰ってきたば、和尚さまが宝物にしていた金屏風《びょうぶ》に、小僧ッコ、墨で黒々と千羽がらすを描いてたじもの。さあ、和尚さま、怒ったの怒らねえのって、

「なんしてこの宝物さ、からす描いた」って、ごっしゃいで、屏風たたみにかかったじもの。したら小僧ッコ、

「待て、待て」って、うちわ、たんげてきて、ぱふっぱふっと扇いだれば、屏風のからす、ふわっと逃げ、ふわっと逃げして、金の屏風からみな逃げて、こんどは寺のうちガァガァと鳴いて騒いだじもの。屏風の中さ一羽も残らねぇで、またもとの金屏風

になったどぉ。

　そうしっど和尚さま、

「小僧、小僧、おれは気《き》味《び》悪くて、とってもお前《め》と二人では暮らさんね。墨で黒々と描いたからす、屏風から追い出すなんぞ容易なことではねえもんだ。とってもお前とは暮らさんねがら、暇出すから、どごさでも行げ」ってゆったじもの。

　小僧ッコ、いや、あんまりいたずらしたに、とは思ったども、仕方ねえので出ていったどぉ。

　あてもねえから、ぶらりぶらり歩いて、どっかに寺あったらまたそこで暮らすべやと思って行ぐうち、空き寺見っけだじもの。そんで檀徒《だんと》さんに願ったどぉ。

「ごごの寺は空き寺になってるっつうごっ

たが、おれば置いてくんねべが」

したば檀徒さんは、

「それは願ってもねえごったども、この寺さは化け物出はって、来る人も来る人も満足にいた人ねえ。そってもいがったら、いてみれ」ってゆったどぉ。

Ⅱ

屏風に描いたカラスが本物になって飛び出したんで、小僧ッコ、気味悪がられて、寺から追い出されてしまったどぉ。歩いていくと、化け物寺があったじもの。

「化け物など出はっても、おっかねぐねえから、紙十枚ほどと硯《すずり》道具貸してけれ」って小僧ッコ、檀徒さんさゆったじもの。そうしっど檀徒さん、硯と紙十枚持ってきて、

「そだら、まずな。おれ、朝げにまた来てみっから」って行ってしまったじもの。

小僧ッコは、その紙さ猫の絵図描いたどぉ。白猫から、ぶちから、とらから、黒猫から、なんぼも描いて、ぱらっと振りまいて、その中さ大の字になって寝たじもの。

夜中になると、どすんどすんて、なにか入ってきたじもの。そうしっど、にゃおーん、にゃおーんって、紙に描いた猫が抜け出はって、ほんとの猫になったじもの。そのうち、きぃーっ、きぃーっと苦しむ音して、どさくさどさくさと、なにか外さ出はっ

たどやれ。

　小僧ッコは、明るくなったのも知しゃねで寝ったどぉ。村の人だぢ来てみたば、いびきの音すっじもの。

「これ小僧ッコ、夕べ《ゆんべ》な化け物来ねがったが」って起こして聞いたれば、

「来た来た。夜中にどすんどすんしったが、おれ描いた猫が紙から出はっていって、ぎゃーぎゃー、きーきーってそこらで音すっけや。なんだか外さ追い出さっていったっけ」ってゆうから、みんなして草分けてさがしたば、大ねずみ、猫に噛《か》ぶつかれたり、かっちゃがれたりして、畑の端っこさ血だら真っ赤んなって死んであったどぉ。

　檀家の衆は大喜びして、

「いやいや、こんな偉い小僧さんだら、ぜひこの寺さ直ってくれ」って、寺を立派に修復して、小僧ッコはそこの住職になったどやれ。

　とんぴんからりん、虫くった。


（山形県小国町・佐藤とよいさんの語り）

旦那に行きたくない金

むがぁしむがし、あったけど。高畠さ、佐《さ》兵《へい》つう頓知のきいた男いだったけど。

その村さ魚屋《いさばや》あったげんと、海がら取った魚など高くて買わんにぇ。魚屋さタラなど吊《つ》り下がっと、山ん中では珍しがったがら、わざわざ見さ行ったもんだけど。

佐兵も店先で見ていたば、魚屋の旦那、

「仙台がら着いたばっかりの、天下一品だ。佐兵、買わねが」って声かげだど。

「ほだげんど、高がんべもなあ」

「佐兵のごった、五文に負げっこで」

銭など持ってるわげねえと思って旦那はゆったんだが、佐兵は財布出して、五文並べてしまった。旦那、あわてて、

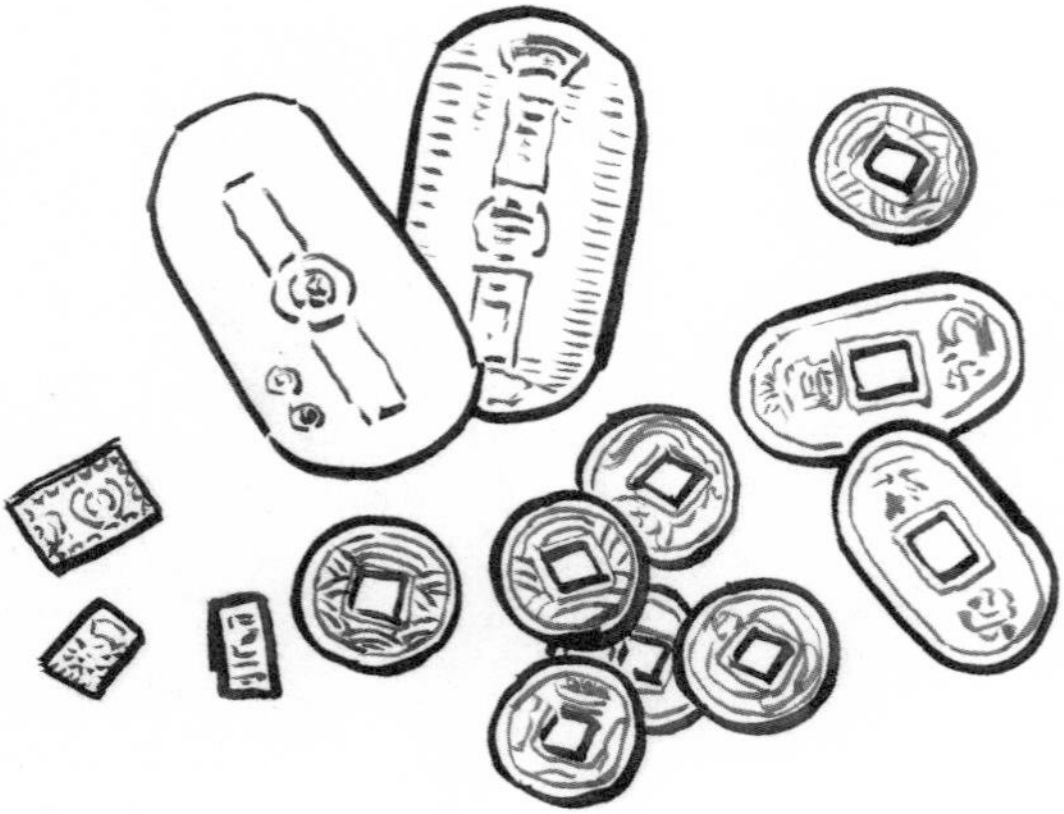

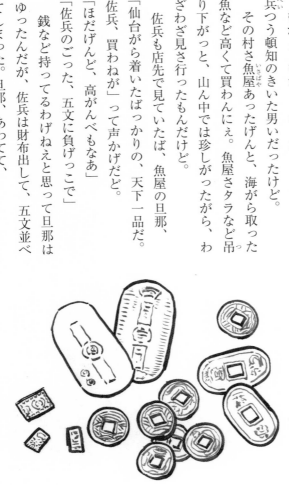

「ちょっと待ってろ。おれ、タラさ話ある。タラ、タラ、おめ、佐兵どごさ行んか、なじょだ？　ああ、そうが。やんだが。佐兵なぁ、気の毒だげんと、タラが行ぎでぐねぇつうがら、あきらめでけろはぁ」

佐兵が帰って行ぐの見て、魚屋の旦那と番頭、手ぇ叩《たた》いて大笑いしたど。

それがらよっぽど経《た》って、佐兵、こざっぱりした姿《なり》で魚屋さ来たど。

「今日、親戚で御祝儀でな。これがら八百屋さも行って来んなねがら、品物揃《そろ》えででおごやい」って注文書出したなど。魚屋では大騒ぎして、みなして魚ば三角に切ったり丸ぐ切ったりして、揃えで待ってだったど。

しばらぐして佐兵が戻ってきたんで、旦那、「全部で五両と二分だ」つったら、佐兵、財布出して銭並べたど。

受け取んべとして、旦那が手ぇ出したら、

「おれ、銭と話すっから待ってどごやい。銭、銭、おめ、この店の旦那さ行ぐが？　なに、行がね？　旦那、銭が行ぎだぐねつうがら、悪いげんとも魚ももらって行がんにぇ」って、銭を財布さしまって、さっさど帰っていったど。魚屋の旦那、佐兵の返《へん》報返《ぽ》しで大損したんだど。

（山形県川西町・山路愛子さんの語り）

稲株むがし

I

むがーすむがす、あったけど。

新庄の殿様のご領内さ、うんーとめんごげだ娘持った、じさまどばさまえだけど。娘ぁ年ごろえなったもんださげ、

「婿《むご》、取らねんねはなぁ。ええ婿、えねべがなあ」て、いっつもゆってだけど。

ほして雪も消えで、お天気いーぐなってきたさげ、じさま、

「そろそろ田打《ぶ》づ、すねんねわなぁ」て鍬《くわ》持って、田打づさ行ったけど。

ねんずり鉢巻ぎして、手さ唾《すったげ》つけで、一所懸命田打づすったれば、パッカパッカど馬の足音してきたけど。ひょっと見だれば、立派な馬さ乗った殿様、家来つれで鷹狩《たかがり》さ来たけど。じさま、土《つぢ》さ額《てんび》くつげで、おじぎしったど。ほしたら殿様、

「じい、こごの田んぼ、おめのだが」ってゆうけど。

「ははぁ」つったら、

「ほうぉ」って見ったきゃ、

「この広さで、なんぼあるもんだ」

「三反《だん》五畝《せ》てゆうどごろでござりやんす」

「うーん。んでは、このヒョコヒョコじゅもの、なんだ」

「はぁ、こりゃ、稲刈った後の、稲株じゅものでござりやす」

「この三反五畝の中さ、なんぼあるもんだ」

「数《かじ》ぇだごどねえさげ、わがりやせんなぉす」

「ほの年まで百姓してで、ほんたごどもわがんねのが。ほだら今鷹狩さ行ってくっから、帰《け》ってくるまで、なんぼあるが数ぇでおげ」

て、またパカパカ行ってすまたけど。

　さあ、じさま、困ったじゅものな。この稲株、数えろつわれだって、数ぇられるもんでね。ほだだて数ぇねば首切られっかもしんね。なじょにもしょうね数《かじょ》すが、ど思って数ぇでるうぢ、どごまで数ぇだがわがんねぐなって、

頭もやもやって気持ぢ悪ぐなってきたけど。

Ⅱ

めんごげな娘持ったじさま、田打づすったれば殿様通りかがって、田んぼの稲株なんぼあるか数ぇでおげ、ってゆわったけど。

いっくら数ぇでもわがんねくて、家《え》さ戻っていったけが、ばさま、聞くけど。

「なぇだや、じさま、青い顔して。腹でも痛なんねべ」

「腹痛どごでね。おれ、首切られっかしんねわ」

このばさま、うんと頭の良いばさまだったじゅおな。じさま、わげゆったれば、

「そぇだごど雑作ねぇもんだ。殿様帰ってくっぺさげ、聞がれる前に、お城《つしょ》がら鷹狩するどごまで、馬の足跡なんぼ付けっと着ぐもんで

がす、って聞げ」てゆったど。

「ほだごどゆったら、ごしゃがれっぺや」

「ほすっと殿様『そったごど、わがるわげね』ってごしゃぐさげ、『こった立派な馬さ乗ってで、ほれもわがんねのがぁ』ってゆえ。『ほだごど誰おしぇだ』つわれだら『おれの婆《ばば》おしぇだ』って、婆さかづげろ」

　ほんでじさま、また田んぼさ行って、田打ちしったけど。ほのうぢパカパカパカど来たじょお。じさま、馬の足ばぁり見でで、止まるが止まんねうぢ、パッと馬の足んどごさ手つん出してやって、

「殿様殿様、お城がら鷹狩するどごまで、馬の足跡なんぼ付けっと行ぐもんでがす」って聞いだど。ほうすっと殿様、

「この馬鹿者。ほだごど、わがるわげねえ」

「こうゆう立派な馬さ乗ってで、ほだごどもわがんねのすか」てゆったれば真っ赤になってごしゃいで、

「ほうゆうごど誰おしぇだ」

「おれの婆おしぇだ」

「ほんな婆、許しておがんね。婆どごさ連っちあべ！」て、ゆうけど。

Ⅲ

殿様に、稲株なんぼあるか数ぇろってゆわったじさま、ばさまに教えらって「お城から鷹狩りの場所まで、馬の足跡なんぼ付けっと行くもんでがす」って聞いだど。殿様ごっしゃいで、婆どごさ案内しろってゆったけど。

小屋コみでなボロだ家さ行ったれば、殿様、我がら先に入《へ》ってったけど。ほしたでば家の中で、めんごぉーい娘、縫い物しったけど。殿様、婆どご、ごしゃぐの忘《わせ》でハ、娘どごばぁり見ったけど。

「ばば、ばば、なんと良い娘、持ったなぁ。名前、なんてゆうのだ」

「はぁぁ、おれの娘は盗人ってゆうのでがす」

「ぬすびとぉ？　なしてほうゆう名前付けだ」

「したって、人がずっと育てだ息子ば、婿取んなんね婿取んなんねって言《ゆ》ってさげ盗人ってゆうなだ。嘘《ずほ》だが本当《ほんと》だが、呼ばってみらっせ」

殿様、おがしなぁど思ったども、

「盗人ぉ」て呼ばってみたっけが、娘、

「はえぇ」

鈴震わすような声で返事したつぉな。そうすっと殿様、娘どご欲しぐなったじゅぉわ。

「ばさまばさま、この娘、おれっちゃ、けらんねが」

「けらんね、けらんね。この娘さ婿取って、おらだぢ暮らしていがねなんねのだがらけらんねのです」

んでも殿様、なんぼしたって欲しくては、

「んだら、じさまもばさまも一緒にもらうさげ、ほだでばどうだ」

ほうすっと、ばさま、

「めご、盗人やぁ。おめ、殿様どごさ、もらわって行ぐがや」てゆったば、

「じんちゃんもばんちゃんも一緒だば行ぐぅ」て言うけど。

ほんで頭の良いばさまのおがげで、みんなお城さ行って幸せに暮らしたど。

どんべすかんこ、ねっけど。


（山形県新庄市・渡部豊子さんの語り）

※第1章のエッセー「無知な殿さま」の題材となった話の一つ。

毒の飴

あるお寺に和尚さんと小僧さんいたんだと。和尚さん、瓶《かめ》の中に飴《あめ》仕込んで、箸の先にグリグリと巻きつけては、我《わ》がばっかし舐《な》める。小僧さん、それ見て、

「おらも舐めてなあ」とゆえば、

「とんでもね。これは大人の薬。わらしが舐めっと死んちまうんだからな。気ぃ付けろよ」。そうゆって和尚さまは毎日グリグリ巻いては食い、巻いては食いしてたと。

小僧さんは羨《うらや》ましくて見てたんだげっとも、ある日檀家から法事の呼ばれが来た。和尚さま喜んで、ホイホイ行ってしまった。さあ、この隙にと思って、小僧さん、瓶あけて、箸でグリグリと巻いて食ってみたと。いやぁそのうまいことうまいこと、べろもほったぶも抜けそうにうまがった。

一つ巻いて食い、二つ巻いて食い、巻いては食い巻いては食いしてるうちに瓶空っぽになって、頭突っ込んで全部《ぜーんぶ》舐めてしまった。

はっと気が付いたら何にもねぇ。はて困った、和尚さま来たらなんぼ怒られっかわがんねなあと思ったもんだから、和尚さまの部屋さ行って、和尚さまがつねづね大事にしてた壺《つぼ》、カチーンと割ってしまった。

奥の間に行っていたれば、和尚さま帰ってきたと。そしたれば、大事にしていた壺が粉みじんだ。

「小僧、小僧、来てみろ」

　小僧さん、しおしおと出てきた。

「なんだ、これは」

「和尚さま、お聞きないん。本堂から何から、きれいに掃除すっかと思ったら、和尚さまの大事にしてた壺、落っこどして割ってしまった。毒でも舐めて死んだらお詫《わ》びできっかと思って、舐めて舐めて、ぜーんぶ舐めた。いまちっとで死ぬと思うから、待っててくなんしょ」とゆったんだと。

　おしまい。

（太白区緑ヶ丘・佐久間クラ子さんの語り）

話好きな庄屋さま

むがーし。うんと話好きな庄屋さま、いだったんだと。村中から人ば集めて話聞いったんだが、ひとづ終わっと「それがら、それがら」ってゆわれるもんで、そのうぢみんな、話の種、尽きてしまったと。そんで庄屋さま、「おれが満足するまで話聞かせだら、何でも好きなものやる」って、立て札立てたんだと。

そいづ見て何人も来たんだげっと、庄屋さま満足しねぇうぢに話ねぐなって、しょんぼり帰っていぐんだったと。たまたま通りかがった若《わげ》ぇ者《もん》が、「話飽きるぐれぇ聞かせだら、欲しいものけるって書いであったが、ほんとがいん」って来たんだと。

ど。

「ああ、ほんとだ。好きなものやる」「んで、おれ、聞かせっから」。蔵んどごさ、大っきなカメバチ、巣、食ってだんだな。入ってきたどぎ、そいづ見ったがら、

「あるどごに　大っきなカメバチ、巣、作ってないん。ブーンと来てブーンと行って、

「ブーンと来てブーンと行って、出たり入ったりしてんるんだない」って語り始まった

「ブーンと来てブーンと行って、ブーンと来てブーンと行って」「ん。それがらなじょした」「中にカメバチ、なんぼいっかわがんね。ブーンと来てブーンと行って」

なんぼ催促しても「ブーンと来てブーンと行って、ブーンと来てブーンと行って」

そしてるうぢに一晩二晩たっちまったんだど。さすがの庄屋さまも「もういいわ」っ

てゆったがらね、

「んではご褒美いただぎす」。その庄屋さまさ、娘さん、いだんだよね。

「こっちの娘さん、いだだっから」

「いや、一人娘だがら嫁にやるごどでぎね」

「ほだげっと、何でも好きなものやるつう約束だがら」

なんともししゃねくて、婿様にされたと。

（宮城県丸森町・佐藤秀夫さんの語り）

伊勢参りの話

むがーしむがし、お寺の和尚さんと、いさば屋の旦那と、百姓の親父と、三人して伊勢参りさ行ったんだど。

村出るどぎ、雨降ってどうもなんねがったがら、旅の荷物いっぺ持ったどごさ、簑《みの》着て、笠かぶって、重でぇ格好で歩いて行ったんだの。

ずっと行って遠ぐまで来たれば、今度は天気良くて、暑くてどうもなんねぐなったど。和尚さんもいさば屋の旦那も、簑と笠、邪魔でしょうがねぇんだどね。

したどごで和尚さんといさば屋さん、二人して相談して、この簑と笠、百姓の親父さ持だせっぺとなったんだの。んでも、ただ「持で」ってゆったたって持だねべから、何がやらせで、出来ねがったら持だせっぺ、となったったど。

んで、いさば屋の旦那、

「これがら歌の掛け合いやって行ぐべし。出来ねがった人、みんな簑と笠、持づごどにすっぺ」ってゆったんだど。そして、

「我《わ》ぁがら先に掛げる」って、

「鯛やスズキや打つのみや、何でも捕《しぇ》めた打つのみや」ってやったんだど。そご、宇

都宮の辺《あだ》りだったんだの。次にお寺の和尚さんが、

「毎朝もくぎょを打つのみや」ってゆったっつもの。さあ、百姓の親父の番になったど。和尚さんもいさば屋さんも、どうせ出来ねど思ってっから、

「さあ、おめ、歌掛げらんねごったら、こいづ持て」って、簑と笠、鼻先さ押っ付けだんだの。したどごで、その親父、

「もはや、はるばるになってきた。田や畑は打つのみや。簑や笠はてんでんに持つべし」ってゆったんで、てんでんに持たねばまいねぐなったんだって。

　したばって、人ば下に見るもんでねえって教えらったの。


（青森県深浦町・奈良まめさんの語り）

大松原より小松原、短気は損気

むがーし、あるどこに、大《おっ》きな呉服屋あったんだど。

そごの旦那さんが、仕事で大阪さ出がげるごとになったど。むがしはどんな遠いどごでも、歩いて行んからね。旅の支度して、夜ぉ明けんの待って、大きな風呂敷さ荷物包んで、奥さんに背負《しょ》わせでもらってたれば、年取ったおふくろさま起きてきて、「大松原より小松原、短気は損気」って声かけだど。

その旦那さん、おふくろも年取って、何のつもりで語ってんだが、って、気にも止めねえで出かけだんだど。

何日かして大阪さ着いで、問屋さんで話進めでるうぢ、気にくわねぇふうになって来たんだど。ごせっぱらやげで、大きな声で怒鳴りだくなったんだが、「短気は損気」って、出がけにおふくろさま言《ゆ》ったごと、思いだしたのね。

そんで「ああ、そーが、そーが」って心しずめて、言葉やさしくして語り直したど。そうしたところが思うように話進んで、結局都合よぐ収まったんだど。

そのうぢ仕事も片付いて、帰《けえ》り道さかかったど。暑い日差しのどご休まねえで歩いでだら、急に曇ってお雷《れえ》さま来たんだね。雨もざあざあ降って、雨宿りしなくてねぇ。

大きな木あったがら、その根元さ駆け込んで雨ばよけっぺどしたんだど。

そんどき、また、「大松原より小松原」って、おふくろさまの言ったごど思いだしたど。

とっさにその大木よげで、ちゃっこい木の下にかけこんだんだど。してるうぢに稲光りビカビカ光って、近くにばりばりっとお雷さま落ちたのよ。おっかねくておっかねくて生きた心地でながったんだが、まづ助かったさぁ。

あとで見たら、さっき休んだ大木さ、お雷さま落ちて、ぶっとい幹が八つ裂きになってだんだど。

「親の意見と茄子《なすび》の花は、千に一つの無駄もない」って、その通りだなえん。

（宮城県山元町・庄司アイさんの語り）

分別八十八

Ｉ

むがぁしむがし。ある村に、八十八《やそはち》つう名前の男、六人住んでたんだど。おんなじ名前では誰が誰だがわがんねぇがら、それぞれにあだ名付けらってだわげだ。うんと気の荒い外道《げどう》八十八、博打《ばくち》ばりやってる博打八十八、田んぼ持ってる百姓八十八、米商いしてる米屋八十八、泥棒の盗人《ぬすっと》八十八、そうして知恵者の分別八十八つうんだったど。

あるどぎ外道八十八、博打八十八と喧嘩《けんか》してぶん殴ったれば、打ち所悪かったんだが、死んでしまったんだど。

さあ外道八十八、困ってしまった。ごしょっぱら焼けでぶん殴ったんだが、殺すべなんて思わねがったがらねぇ。仕方ねくて、お土産持って分別八十八のどごさ相談に行ったんだど。

「んではな、その死骸《しがい》ば百姓八十八の田んぼさ持っていって、水口《みずぐち》さ、しゃがませでおげ」って教えらった。外道八十八、さっそぐその通りにしたんだど。

その晩も百姓八十八、いつものように田んぼの水の見回りに行ったんだな。ずうっと見回っていだれば、田んぼの水口んどごさ誰だがしゃがんでんだど。「なんだ、また水ば盗みさ来たのが。水欲しいの誰だて同じだべ。とんでもねえやつだ」って、後ろから棒で叩《ただ》いたれば、ただしゃがませっただげだがら、ころっと倒れたんだど。

びっくりして見たれば、博打八十八が死んでだったど。百姓八十八困ってしまって、分別八十八のどごさお土産持って相談しさ行ったんだど。

「んでは仕方ねえがら、死体ば空き俵さ入れて、米屋八十八の蔵の中の、米俵の上さでも置いてこい」

そんで百姓八十八、教えらった通りに死骸ば俵さ入れて、米屋八十八の蔵さ置いてきた。

その晩、米屋八十八の蔵さ泥棒入って、一番上さあった米俵が盗まったんだど。盗人八十八が泥棒しさ行ったんだな。

Ⅱ

外道八十八、博打八十八と喧嘩して、間違って殺してしまった。その死骸を百姓八十八の田んぼさ運んで、百姓八十八は俵に詰めて米屋八十八の蔵さ置いてきた。盗人八十八が泥棒に入って、その米俵盗んできたんだと。

盗人八十八、米だと思ってあけてみたれば、博打八十八の死骸が出てきたわけだ。びっくりしたげんとも、どうにもしようねえ。お土産持って、分別八十八に知恵借りさ行った。

「おめな、悪いごどばりしてっから、そうゆうごどになんだ。バチ当たったんでねえが」

分別八十八、もっともらしい顔でゆって聞かせたど。

「仕方ね。今夜うんと遅ぐなってがら、博打八十八のうぢさ行ってな、『いま戻ったがら戸ぉ開けろ』って大っきな声で叫べ。女房《おがだ》はごしゃいでっから、戸なんかなかな

か開けねべよ。そしたら頃合い見で、門口《もんぐち》の井戸さ死骸ば投げこんでこい」

　そんで盗人八十八、夜が更けるの待って、教えらったとおりに博打八十八の家さ行ったわげだ。そうしてコトコト戸ぉ叩《たた》いて、

「がが、がが、いま来た。戸ぉ開けろ」つったんだど。がが、

「なんだや、こんなに遅ぐ。ろぐに稼ぎもしねぇで、毎晩今ごろまで博打ぶって。おめみでなやづ、死んだ方いい」ってゆうんだど。

　盗人八十八、しめたど思って、博打八十八の死骸ば井戸の中さ放り込んで、さっさど逃げできた。

　ボチャン、って大っきい音したがら、博打八十八のがが、戸ぉ開げで出てみだど。したら今まで騒いったご亭《てい》、いねえわけだ。井戸覗《のぞ》いたれば何だが沈んでる。

　村中の人頼んで、大騒ぎして博打八十八のどご引き上げてもらった。そうして死骸さすがって、おいおい泣いたんだど。

　分別八十八ばり、みんながらお礼もらって、うまいごどやったんだど。

　どーびん。


（岩手県上閉伊郡の昔話）

おわりに

著者・佐佐木邦子は、民話に惹《ひ》かれ、あちこちの農村や漁村をまわってはお年寄りを訪ね、たくさんの古い話を聞いた。民話の世界の魅力を多くの人に伝えようと、一つひとつの話をかみ砕き、精力的に執筆活動を続けてきた。だが、平成25（２０１３）年10月19日、一仕事を終えた直後にクモ膜下出血に襲われ、意識を失う。「終わった。さぁ、食べよう！」と、食卓につこうとした矢先だった。以来、彼女は執筆活動はおろか意思疎通さえ全くできない状態のまま、平成28年9月20日、旅立ってしまった。

故佐佐木邦子の「お別れ会」で配った挨拶文に、私は連れ合いとして、こう書き込んだ。「佐佐木邦子の人生を振り返ると、彼女の発したひと文字・ひと言が、真剣さの中から生まれたように思うのです。今後の佐佐木邦子は、新しい世界で生き続けていくことでしょう」。その「ひと文字・ひと言」を活《い》かしていくことが自分の役割に思えた。

入院中に同人誌「仙台文学」に発表した直近の作品3編を小説集「黒い水」としてまとめた。本に直接触れ、田村文子氏の朗読による音訳図書を耳にしたときの表情の変化に驚いた。無反応だった彼女の目が潤んでいるように感じられた。また発症当日に「終わった」と言った最後の仕事、聞き書き「語り継ぐ震災の記憶」（仙台市若林区）が第

3回国連防災世界会議で朗読劇として上演されたことも話して聞かせた。ともに回復を祈っての行動だった。

今回の民話・昔話の本には、著者が「新しい世界」で生き続け、読者が共に民話の世界に触れる機会になってほしいとの思いを込めた。自分の責務・役割が果たせ、数年のもやもや感が少し晴れた気がする。

著者はかつて小説を「中央公論」や「文學界」に発表していた。その「文學界」に以前載ったインタビュー記事でこう語っている。「現在の問題はほんとうにみな民話的世界につなげて考えて見ることが出来そうな気がするんです。むずかしいとは思いますが、そのあたりのことを書ければとおもっているんです」――。彼女は「(語り手の)話を聞いて震えが止まらなかった」と興奮して語ったことがある。さまざまな土地に足を運んで多くの人から話を聞き、その空気を肌で感じてきた。一つ一つを、幾度も幾度もテープで聞き直し、文字にしたためた。文字を介して語りの世界の素晴らしさを伝えたかったに違いない。

民話・昔話には、はいつくばってでも豊かなひとときを過ごそうとする「先人の知恵と知識」が込められ、今も生活訓となって語り継がれている。大げさかもしれないが、民話には人類普遍の生きざま、非を戒め悪と戦う姿や情愛あふれる優しさ・美しさ…などが息づいている。河童《かっぱ》や蛇、キツネ、鶏や猫、蜘蛛《くも》や鬼なども登場し、時には化けて人を惑わしたり、時には滑稽な存在として描かれていたりする。怖い話や意地悪い話、いたずらっぽい話…。人間味あふれる話が多い。知らず知らずのうちに豊かな心を育み、暮らしを支えている。だから何度聞いた話でも新鮮で、誰もが自然に受け入れてしまう。意識せずに楽める不思議な力があり、失いかけた「心の豊かさ」を取り戻させてくれる。そんな民話への思いが詰まったこの本を、一家団欒《だんらん》や友人・知人が集まる場で、談笑の「つまみ」として楽しんでいただければうれしい。

出版に当たっては、河北仙販、tbc東北放送の方々にご協力をいただだいた。また話を聞かせてもらった語り手の皆さん、共に採訪活動をしてくれた「みやぎ民話の会」の会員、イラストを描いてもらった田中望さんに、こころより感謝申し上げます。

最後に、河北新報出版センターの須永誠出版部長に企画から出版に至るまでお力添えをいただき、読者の皆さまに本書をお届けすることができた。厚くお礼申し上げます。

読者の皆さま、最後まで読んでいただきありがとうございました。

令和2年11月

佐々木　勉

佐佐木邦子（ささきくにこ）

1949年仙台市生まれ。宮城教育大学卒。小説家、脚本家。85年「卵」で中央公論新人賞受賞、86年芥川賞候補。97年「オシラ祭文」で松本清張賞候補。ＴＶドラマ、ラジオドラマの原作、脚本なども数多く手掛ける。創作に加え、東北各地で民話の採集活動を行う。2016年9月死去。

著書に「泥鬼」（仙台文学の会）、「卵」（中央公論社）、「オシラ祭文」（北燈社）、「宮城集治監」（中央公論事業出版）、「黒い水」（同）、「土地に根ざした民話」（みやぎ民話の会）など。

とうほく民話散策

発　行	2021年1月30日　第1刷
著　者	佐佐木邦子
発行者	佐藤　純
発行所	河北新報出版センター 〒980-0022 仙台市青葉区五橋一丁目2-28 河北新報総合サービス内 TEL　022（214）3811 FAX　022（227）7666 https://kahoku-ss.co.jp/
印刷所	山口北州印刷株式会社

定価は表紙に表示してあります。
乱丁、落丁本はお取り替えいたします。

ISBN　978-4-87341-409-6